# De Drakendokter

## Gideon

Ingrid Bilardie

# Colofon

Auteurs:

Ingrid & Killian Bilardie

Redacteur:

Bianca Nederlof

Illustraties:

Lars Reen

Uitgegeven door:

Graviant educatieve uitgaven, Doetinchem

© juni 2014.

Dit werk is auteursrechtelijk beschermd.
Copyright en overige rechten blijven voorbehouden aan:
Graviant educatieve uitgaven, Doetinchem, telefoon 0314-345400
Niets uit deze uitgave mag worden verveelvoudigd en/of openbaar gemaakt door middel van druk, fotokopie, microfilm of op welke wijze ook, zonder voorafgaande schriftelijke toestemming van de uitgever.

ISBN 978-94-91337-25-3

Hoewel dit boek met zorg is samengesteld, aanvaarden de auteur noch de uitgever enige aansprakelijkheid, voor het feit dat het gebruik van hetgeen geboden wordt niet aan de behoeften of de verwachtingen van de eindverbruiker voldoet, noch voor eventuele fouten of onvolkomenheden in dit boek.

## Woord vooraf

Mijn jongste zoon, Killian (9), wilde een boek. Een voorleesboek.
En hij wilde niet zomaar een boek: hij wilde een leuk boek.

Oei!
Killian heeft autisme en dan is een leuk boek vinden best lastig.

Voor prentenboeken was hij nu echt te oud.
Dikkere boeken kon hij nog niet aan.
Die waren ook nog eens veel te spannend.
Of er stonden te veel woorden en zinnen in die hij niet begreep.
Of hij begreep halverwege het boek niet meer waar het over
ging. Maar op een Avi 3 verhaal zat hij ook niet te wachten.

Behalve moeder ben ik ook auteur van doelgroepboeken.
Ik heb veel geleerd over taalontwikkeling en
taalontwikkelingsstoornissen.

Dus schreef ik het boek dat hij wilde hebben zelf.
Ik had maar één  voorwaarde: ik wilde dat Killian me hielp!

En dat deed hij. Elke avond las ik voor wat ik die dag had
geschreven. Killian lachte om de grappen en kneep in zijn deken
als de katten weer iets raars deden. En daarna vertelde hij wat
hij dacht dat er allemaal kon gebeuren met drakendokter Killian,
de malle poes Pluis en de stoere, zieke draak Gideon.

Het resultaat?
Een doldwaas komisch Drakendokter-verhaal!

Elk hoofdstuk is precies lang genoeg voor één voorleesrondje.
Er zijn geen te spannende eindes waar je wakker van ligt.
Wel heel veel woordgrapjes!
Geen moeilijke, abstracte woorden.
Met Engelse woorden uit games!
Veel herhalingen zodat je altijd snapt waar het over gaat.

Mijn dank gaat uit naar alle ouders en kinderen, met en zonder
ass, die in de testversie hebben meegelezen en meegeleefd:

Nick, Rune, Sverre, Jenthe, Jan, Julie, Jelte, Denise, Esmee,
Jason, Brandon,

En de dikste dank gaat naar de redacteur Bianca Nederlof.
Bianca, zonder jouw hulp en aanmoediging was het niet gelukt.

Killian en ik wensen iedereen, met of zonder autisme, heel veel
plezier met de avonturen van Killian en Gideon!

## 1. Een draak voor de deur

Ding dong, doet de deurbel.

Mama doet open.

Op de stoep voor de deur staat een draak.

'Dag, mevrouw,' zegt de draak netjes.

'Woont Killian hier?'

'Ja,' zegt mama verbaasd.

'Goed,' zegt de draak.

'Die heb ik net nodig.

Ik heb een groot probleem.'

Mama zegt niets.

Ze kijkt naar de draak.

Het is een groot beest.

Zijn schubben zijn prachtig donkergroen.

En hij heeft een enorme staart.

Als die zwiept, vliegen alle plantjes uit de tuin.

Maar hij heeft wel een vriendelijk koppie.

En hij ziet er echt een beetje zielig uit.

Alsof hij hulp nodig heeft.

'Killian zit boven, in zijn kamer,' zegt mama.

'Ik zou wel willen vragen of je even binnen wilt komen.

Maar ik weet niet of dat past.

Je bent zo groot.'

'Het lukt wel,' zegt de draak.

Hij bukt zich en dan gebeurt er iets bijzonders.

De draak wordt steeds kleiner, totdat hij precies door de deur past.

'Wat knap!' zegt mama.

'Niet alle draken weten hoe ze groter en kleiner moeten worden.

Nou, loop dan maar door naar boven,' zegt ze.

'Eerste deur aan je rechterhand.

Eh, poot.'

'Dank u wel beleefd, mevrouw,' zegt de draak netjes.

Hij zet zijn poten op de trap en loopt rustig naar boven.

Toch bonken zijn voeten hard op de treden.

Mama legt haar handen over haar oren.

En dan over haar ogen.

En dan weer over haar oren.

In elkaar geplopte draken zijn net zo zwaar als een grote draak.

'Als de trap maar heel blijft,' zucht ze.

Ze besluit naar de woonkamer te gaan.

Daar staat haar kopje thee.

Dat heeft ze nu net nodig.

Als de draak boven is, klopt hij op de deur van de kamer van Killian.

'Wie is daar?' vraagt een jongensstem.

'Dat moet Killian zijn,' mompelt de draak.

Hij kucht even.

'Ik ben het: Gideon,' zegt hij duidelijk.

Het blijft even stil.

'Ik ken geen Gideon,' zegt de jongensstem.

'Gideon de draak, ben ik,' zegt de draak.

'Ik zoek de drakendokter.

Mag ik binnenkomen?'

Het blijft even stil.

Dan gaat de deur een klein beetje open.

Gideon gluurt naar binnen.

Hij ziet dat er verschillende kleine lichtjes branden.

Sommige lampjes zijn wit.

Andere hebben een mooie kleur.

En de televisie staat aan.

Hij hoort de muziek van een film.

Het klinkt erg gezellig.

Maar de kamer is niet zo groot.

Gideon aarzelt op de drempel.

Hoe klein moet hij zichzelf maken om hier in te passen?

'Wat is er?' vraagt de jongen.

'Vind je de kamer te klein?'

'Het lukt wel,' zegt Gideon.

Hij maakt zichzelf nog een beetje kleiner.

Zo moet het net passen.

Voorzichtig schuifelt hij de kamer in.

'Ben jij Killian?' vraagt hij voor de zekerheid.

'Killian de Drakendokter?'

De jongen knikt.

Zonder iets te vragen hopst Gideon het bed van Killian op.

Het bed zakt heel diep in, zo zwaar is Gideon.

Gelukkig is het wel een sterk bed.

'Ik heb een probleem,' zegt hij.

'Oké?' zegt Killian.

'Vertel het maar.

Wat voor probleem?'

'Eh... Ik, ik, ik, ik,' stamelt Gideon ineens.

Gideon had goed bedacht wat hij wilde zeggen.

Maar nu hij het eindelijk mag zeggen, lukt het niet meer.

Er zit een dikke brok in zijn keel.

'Nou, kom op,' zegt Killian.

Killian klinkt een beetje ongeduldig.

'Ik, ik, ik,' stamelt Gideon nog een keer.

'Nou, kom op, wat is er aan de hand?' vraagt Killian.

'Kun je niet meer vuurspugen?

Zit er schimmel op je staart?

Heb je ruzie met je vrienden?'

'Nee!' zegt Gideon.

'Dat is het allemaal niet.

Het is veel, veel erger!'

En dan begint hij keihard te huilen.

Dat geeft een kabaal, zo'n huilende draak.

Gideon huilt zo luid, dat Killians oren ervan gaan tuten.

Killian probeert de draak tot bedaren te brengen.

Maar draken reageren niet zo goed op een schouderklopje

of een aai over hun kop.

Dat voelen ze nauwelijks.

En Killian weet wel dat draken het heel fijn vinden als je onder

hun kin kriebelt.

Maar daar kan hij nu helemaal niet bij.

Dan besluit Killian om zijn beide handen tegen de snuit van

de draak te leggen.

Gelukkig begrijpt Gideon wat Killian bedoelt.

De draak stopt met huilen.

'Als je zo brult, kan ik je niet helpen,' zegt Killian streng.

Vertel nou, wat voor probleem heb je?

'Ik kan het niet meer,' zucht Gideon.

'Wat kan je niet meer?' vraagt Killian.

'Kan je niet meer vuurspugen?

Is dat het?'

Killian heeft al eerder een draak geholpen die niet meer kon

vuurspugen.

Hij weet dat draken dit heel erg vinden.

Ze kunnen zich niet meer verdedigen als er gevaar dreigt.

Ze kunnen hun eten niet meer roosteren.

En ze kunnen geen vuurgevechtspelletjes meer doen met de

andere draken.

Draken die niet kunnen vuurspugen voelen zich een stuk minder

draak.

Daar worden ze erg verdrietig van.

Zo verdrietig, dat ze niet eens hardop willen zeggen dat ze geen

vuur meer hebben.

'Erger, het is veel erger,' zucht deze draak.

'Kom op, Gideon, vertel het maar,' zegt Killian.

'Ik wil het nu weten.

En maak je maar geen zorgen.

Ik wil je helpen.'

'Nee,' zegt Gideon.

'Ik vertel het echt niet.'

## 2. De wandelende draak

Gideon de draak zit op het bed van Killian.

De draak huilt.

Hij heeft een probleem en probeert aan Killian te vertellen

wat er met hem is.

Maar het lukt hem niet goed.

Hij kan alleen maar stotteren en snikken.

'Kom op, Gideon, vertel het me,' zegt Killian.

'Ik kan je alleen helpen als je vertelt wat er met je is.'

'Ik kan niet meer vliegen,' geeft Gideon eindelijk toe.

'Ik kom niet meer van de grond.

Het lijkt wel alsof ik zesduizend kilo weeg.

De magie is weg, Killian.

Ik heb geen sprankje tover meer.

Ik kan het gewoon niet meer.'

Kilian begrijpt meteen hoe ernstig dit is.

'Dat is een ramp!' zegt hij.

'Hoe moet je dan eten vangen?

Ontsnappen aan gevaar?

Afkoelen als je te warm wordt?'

'Ik word nooit te warm,' mompelt Gideon.

'Nou ja, als je per ongeluk iets verkeerds in brand steekt,'

zegt Killian.

'Je staart of zo.

Dan wil je naar de zee vliegen, toch?

Even je staart blussen.'

Gideon begint weer te brullen.

'Daar had ik nog helemaal niet aan ge-da-a-a-acht!'

jammert hij.

Killian duwt snel zijn handen tegen de bek van de draak.

'Stil nou,' sust hij.

'Mijn moeder wordt helemaal gek van huilende draken.

Daar krijgt ze hoofdpijn van, zegt ze.'

'Maar mijn staartje dan?' roept Gideon.

'Dat staat nu helemaal niet in brand,' zegt Killian.

'Dus je hoeft niet in paniek te raken.

Goed, nadenken.

Dus je kan niet meer vliegen, hè?

Nou, geen probleem, dat lossen we op.'

Killian probeert er uit te zien of het probleem van Gideon niets
voorstelt.

Alsof hij elke dag een draak aan de deur krijgt die niet meer
kan vliegen.

Hij gedraagt zich zo, omdat hij niet wil dat Gideon nog meer in
paniek raakt dan hij nu is.

Gideon heeft zichzelf klein gemaakt, om in Killians kamer
te passen.

En hij heeft nog geen vonkje vuur gespuugd.

Maar als een draak in paniek raakt, dan kan er van alles
gebeuren.

Misschien plopt hij wel weer terug tot zijn ware grootte.

Of spuugt hij ineens een hele straal vuur uit, midden in de kamer
van Killian.

Dan zal je zijn moeder eens horen!

'Wat wij nodig hebben, is een plan,' zegt Killian.

'Maar het is bedtijd.

Ik mag niet meer naar buiten van mijn vader en moeder.

Maar morgen, na school, gaan wij aan het werk.

Je zal zien dat je zo weer vliegt.'

Gideon snikt nog een beetje na.

'Echt waar?' vraagt hij.

'Echt,' knikt Killian.

Hij geeft de draak een duwtje.

'Nu moet je gaan.

Slaap maar in de tuin.

En morgen, als ik thuis kom, gaan we beginnen.'

'Goed dan,' zegt Gideon.

'Tot morgen.'

'Tot morgen, Gideon,' zegt Killian.

Hij opent zijn kamerdeur zodat Gideon eruit kan.

De draak sjokt de kamer uit en gaat langzaam de trap af.

Halverwege draait hij zijn kop nog even om.

'Echt morgen?' vraagt hij.

'Echt waar,' belooft Killian.

Tja, het liefst begon Killian meteen met het onderzoek.

Een draak die niet kan vliegen... dat kom je haast nooit tegen.

Maar dat kan niet.

Hij moet eerst slapen.

En een plan bedenken.

Morgen, ja, morgen komt het goed.

Maar zover komt het niet.

Killian ligt nog maar net te slapen, als hij een klap tegen het raam hoort.

En nog een klap.

En dan: 'Miauw.'

En dan wat luider: 'Miauw.'

'Poes?' vraagt Killian slaperig, terwijl hij rechtop gaat zitten.

Hij schuift zijn gordijn opzij.

Ja, daar zit zijn zwart-witte kat Netty.

Ze kijkt Killian aan en doet: 'Miauw.'

Killian doet het raam open en Netty wipt naar binnen.

'Zo, lag jij lekker te slapen?' vraagt ze aan Killian.

'Ik lag lekker te slapen, ja,' zegt Killian.

Hij zegt het woordje 'lag' iets luider dan de andere woorden.

Hij kijkt een beetje boos naar Netty.

Waarom stoort zijn poes hem?

'Nou, wij slapen helemaal niet,' zegt Netty.

'Ik weet niet of je het weet, maar er zit een draak in je tuin.'

'Ja, dat weet ik,' zegt Killian.

'Dat is Gideon.

Hij krijgt morgen vliegles van mij.'

'Morgen?' miauwt Netty.

'Wat moeten we vannacht dan?

Weet je wel hoe een draak ruikt?

Hij stinkt, bah!

Vooral deze, bah!

En hij blijft maar snikken.

En met zijn staart meppen.

En zuchten.

Het is allemaal erg, erg storend.'

'Gideon stinkt niet.

En als je last van hem hebt, dan ga je maar in een andere tuin

slapen,' zegt Killian.

Hij gaapt en gaat weer liggen.

Misschien valt hij zo wel weer in slaap.

Hij voelt zich nog helemaal rozig.

'O, nee, niets daarvan,' zegt Netty.

Ze springt op het bed en gaat op Killians buik zitten.

Met haar poten trappelt ze op en neer.

'Wakker worden, opstaan en naar de tuin gaan.

Ik wil dat die draak zo snel mogelijk stil is,' zegt ze.

'Dat kan jij wel willen.

Maar dat vindt mijn moeder nooit goed,' zegt Killian.

Hij gaat op zijn zij liggen en trekt het dekbed steviger om zich heen.

Netty gaat op zijn hoofd zitten.

'Ik ga niet weg voor je die draak kalmeert,' kondigt ze aan.

'Als ik niet kan slapen, mag jij ook niet slapen.'

Killian zucht heel diep.

Hij probeert nog heel even of hij niet toch kan slapen.

Maar zo'n hele kat op je hoofd is best ongemakkelijk.

En de staart van Netty kriebelt in zijn neus.

Zijn slaperige gevoel trekt helemaal weg.

'Nou, goed dan,' zegt hij.

'Vooruit dan maar.'

Hij staat op en trekt een joggingbroek aan.

Een paar sokken.

Een trui.

Pantoffels.

Dan gaat hij met Netty mee naar de achtertuin,

waar Gideon ligt.

En al die tijd speelt maar één vraag door zijn hoofd:

hoe sus je een draak?

## 3. Hoe sus je een draak?

Killian loopt achter zijn kat Netty aan naar de achtertuin.

Netty heeft hem wakker gemaakt, omdat Gideon de draak zo moet huilen.

En ja, daar in de tuin, zit Gideon te huilen en te snikken.

De draak huilt inderdaad best luid, moet Killian toegeven.

Het is een wonder dat de buren nog niet mopperen.

Vorig jaar was er een relletje met een draak die moest leren vuurspugen.

Alle planten in alle achtertuinen waren verschroeid.

En nu dit weer.

Een hard huilende draak.

Gelukkig is Gideon nog steeds klein.

Want hij mept ook telkens met zijn staart.

En hij dribbelt heen en weer: dan staat hij weer hier en dan weer daar.

Stel je voor dat die staart op vol formaat was!

In de achtertuinen staan net weer nieuwe plantjes.

Maar Gideon zou ze zo uit de grond kunnen slaan.

'Hoe moet ik er nu voor zorgen dat Gideon stil en rustig wordt?'

vraagt Killian zich hardop af.

'Dat is mijn probleem niet,' zegt Netty kattig.

'Ik vroeg het niet aan jou,' zegt Killian.

Netty kijkt om zich heen.

'Aan wie vraag je het dan?' vraagt ze verbaasd.

'Aan wie dan, aan wie dan?'

'Hallo, Gideon,' zegt Killian, als hij voor de draak staat.

'Sorry,' snikt Gideon.

'Het spijt me heel erg.

Normaal ben ik een rustige, coole draak.

Ik huil eigenlijk nooit.

Maar nu kan ik gewoon niet meer stoppen!

Wat moet ik nu doen, als ik per ongeluk mijn staart in brand

steek?'

Meteen begint Gideon weer loei-luid te huilen.

Erger nog: hij rent de achtertuin uit!

'Ik had niets over die staart moeten zeggen,' mompelt Killian.

HIj rent achter Gideon aan.

Gideon staat nu te snikken in de voortuin.

'Hoe vaak heb jij je staart al in brand gestoken?'

vraagt Killian aan Gideon.

Gideon denkt even na.

'Nul keer,' zegt hij.

'Nou dan,' zegt Killian.

'Dan kan het dus elk moment gebeuren!' roept de draak uit.

En hij begint weer onbedaarlijk te snikken.

'Ho, ho nou!' roept Killian.

Hij legt zijn handen tegen de snoet van de draak.

Maar onder zijn vingers voelt hij kleine poefjes warme lucht.

Snel trekt hij zijn handen weer weg.

Stel je voor dat Gideon per ongeluk een straaltje vuur spuugt,

terwijl Killian net zijn handen voor dat bekje houdt!

Of, nog erger: stel je voor dat Gideon echt zijn staart in brand

steekt!

'Boehoehoe,' huilt Gideon, terwijl Killian hem terugbrengt

naar de achtertuin.

'Pff, watje,' blaast Netty naar Killian.

'Noem je dat sussen?

Dat beest huilt luider dan ooit!'

'Wat kan ik doen, zodat jij stopt met huilen?' vraagt Killian

aan de draak.

Hij praat zo streng en zo stoer hij kan.

Want draken moet je af en toe stevig aanpakken, weet hij.

'Hij stopt nooit meer.

Nooit meer, zeg ik je!' jammert Netty.

Nu kijkt Killian ook streng naar Netty.

'Hij moet stoppen met huilen.

En jij moet even stil zijn,' zegt hij.

Zijn stem klinkt net zo stoer als daarnet.

Ook katten moet je af en toe flink aanpakken.

'Zal ik ooit weer vlie-ie-iegen?' huilt Gideon.

'Misschien kan ik wel nooit meer vliegen.

Misschien moet ik de rest van mijn leven lopen.

En ik haat lopen!

Lopen is verschrikkelijk.'

'Ik snap wat je bedoelt,' zegt Killian, die ook liever op zijn fiets

zit dan dat hij loopt.

'Morgen gaan we het oplossen.

Echt waar.'

'Nee,' zegt Gideon dan.

Hij stopt met huilen en gaat rechtop zitten.

Daardoor kan hij Killian nu recht aankijken.

'Nee?' herhaalt Killian verbaasd.

'Het moet nu,' zegt Gideon.

'Het kan niet wachten.

Geen moment.

Het moet echt nu.

Nu, nu, nu, nu.'

'Sttt,' zegt Killian.

'Nu, nu, nu, nu,' herhaalt Gideon.

Bij de laatste 'nu' ontsnapt er een rookwolkje uit zijn bek.

'Mrauw,' zegt Netty.

'Levensgevaarlijk monster.'

Ze blaast naar Gideon.

Killian doet ook een stapje achteruit.

Als draken zomaar rookwolkjes uitpuffen, zijn ze heel erg van

streek, weet hij.

En Gideon lijkt ook groter te worden, vindt Killian.

Het begint echt uit de hand te lopen.

Straks ploft Gideon hier in de achtertuin uit elkaar tot een draak

op ware grootte.

En met een beetje pech spuugt hij dan ook vuur.

Dat gebeurt vaak als draken op-ploppen.

En dan gaan dit keer niet alleen de plantjes in de achtertuinen

eraan.

'Oké, oké,' zegt hij snel.

'Rustig maar, Gideon.

Dan beginnen we gewoon nu.'

'Echt waar?' vraagt Gideon.

'Nee, hoor,' zegt Netty.

'Hij maakt een grapje.

Er staat een draak in de tuin die de hele boel overhoop schopt

als hij zijn zin niet krijgt.

Dan gaat Killian altijd grapjes maken.

Altijd!'

'Is dat waar?' vraagt Gideon.

Uit zijn grote, vriendelijke ogen, vallen alweer dikke tranen.

'Natuurlijk is dat niet waar,' zegt Killian.

'Ga jij eens een tijdje op het dak zitten, Netty.'

Netty blaast nog een keer naar Gideon.

Maar dan doet ze toch wat Killian van haar vraagt.

Ze springt soepel op de rand van de schutting.

En dan op het dak van de schuur.

'Verwende snertdraak,' moppert ze nog.

## 4. Een draak is geen katje

Er staat een draak in de achtertuin van Killian.

Gideon de Draak.

En Gideon is heel erg overstuur.

Killian heeft zijn mopperende katje Netty het dak op gestuurd.

Nu kan hij tenminste rustig met Gideon praten.

Want Gideon staat er maar zielig bij, voor zo'n grote draak.

Gideon heeft net vertelt dat hij niet meer kan vliegen.

Daar is hij vreselijk verdrietig om.

Maar als hij blijft huilen, doet vannacht niemand een oog dicht.

Killian voelt zich erg moe.

Het is eigenlijk ook te donker in de tuin om de draak nu goed

te onderzoeken.

Maar ja, hij heeft het beloofd.

Nu moet hij wel iets doen voor die arme draak.

'Ga maar op de tafel staan, Gideon,' zegt hij.

'Laat me eerst eens naar je vleugels kijken.'

Gideon doet meteen wat Killian vraagt.

Maar misschien is hij een beetje zenuwachtig.

Of misschien is Gideon wel een heel onhandige draak.

Het lukt hem in elk geval niet om op de tafel te klimmen.

Erger nog, hij valt halverwege de klimpartij om.

En een draak die krimpt wordt alleen kleiner, niet lichter in

gewicht.

Hij blijft net zo zwaar, als toen hij een grote draak was.

Zodra Gideon op de grond valt, geeft dat een enorme dreun.

De ruiten van de huizen in de buurt rinkelen ervan.

'O, Killian!' roept iemand.

'Ben je weer een draak aan het helpen?'

'Sorry!' roept Killian.

'Klein foutje!'

'Moet dat echt midden in de nacht, Killian?' roept een mevrouw.

'Het spijt me,' roept Killian.

'Hij wil niet stil worden voor ik hem help!'

'Als je dan maar een beetje opschiet,' roept de mevrouw terug.

'Doe ik,' roept Killian.

Gideon is gaan zitten.

Hij snikt.

Killian loopt naar hem toe en petst hem op zijn koppie.

Als draken overstuur zijn helpt een aaitje namelijk niet.

'Nou zijn ze ook nog boos op je,' huilt Gideon.

'Ik breng alleen maar ongeluk.'

'Het geeft niets,' sust Killian.

'Ik ben zo onhandig,' snuft Gideon.

'Zóó onhandig.'

'Het geeft niet,' zegt Killian nog eens.

Hij gaat naast Gideon op de grond zitten.

Als hij merkt dat Gideon rustiger wordt, schuift hij dichter naar

de draak toe.

Totdat hij heel dicht tegen Gideon aanzit.

Sommige mensen denken dat drakenschubben hard en

stekelig zijn.

Maar dat zijn ze meestal niet.

De schubben van Gideon zijn glad en soepel.

Best lekker om tegenaan te liggen, vindt Killian.

Ondertussen aait hij over de poot van de draak.

En hij geeft er zachte klopjes op.

'Het komt wel goed hoor,' zegt hij zo vaak mogelijk.

Langzaam wordt Gideon rustig.

Killian zelf wordt ook steeds rustiger.

Zo rustig zelfs, dat hij in slaap zakt.

Een draak als kussen, dat slaapt heerlijk.

Zzz...

Tot Killian wakker schrikt van een enorm kabaal!

'Mmrrauww,' krijst Netty luid.

'Mmrrauww!'

Killian zit meteen rechtop.

Gideon ook.

'Daar!' sist Netty.

'Inbreker, inbreker, daar!'

Killian wil niet kijken.

Zolang hij de inbreker niet ziet, is hij er niet.

Maar Gideon gaat meteen staan.

Hij heft zijn kop op en kijkt in het rond.

'Kijk dan, domme draak, Killian, daar,' sist Netty.

'Ik zie hem,' zegt Gideon.

Hij gaat staan en dus moet Killian ook opstaan.

Op het plein naast de garages, sluipt een zwarte schaduw.

'Hé, wie ben jij?' roept Killian.

De schaduw staat stil.

Op het dak, boven hem, verschijnt een tweede schaduw.

Dat is Netty, ziet Killian.

'Ik zal eens even een lampje voor je aan doen,' miauwt ze.

De handige kat gaat op de dakrand zitten.

Precies onder haar hangt een lamp.

Die lamp gaat aan als zijn sensor ziet dat er iemand op het plein is.

Maar de sensor van de lamp is al heel lang een beetje stuk.

Netty zwaait met haar staart voor de sensor langs.

Floep, nu gaat het licht wel aan.

Killian ziet meteen dat hij de man op het plein niet kent.

Het is geen inwoner van het dorp, daar is hij zeker van.

De man draagt ook een grote zwarte sporttas bij zich.

En hij staat nog steeds helemaal stil.

'Wat doet u hier?' roept Killian.

'Ga weg!'

'Wat is dat, Killian,' vraagt Gideon.

'Wie is dat?

Mag hij hier niet zijn?

Is het een boef?

Moet ik hem wegjagen?'

'Hij gaat zelf wel, Gideon,' zegt Killian.

'Toch, meneer?'

De man op het plein zegt niets.

'Ga dan!

Of moet ik de politie bellen?' roept Killian.

De man zegt nog steeds niets.

'Hoor je niet wat de jongen zegt?

Hoepel op!' roept Gideon.

Killian weet dat dit niet helpt.

Hij spreekt Draaks, net als zijn moeder.

Daarom kan hij Gideon verstaan.

Maar de meeste andere mensen horen alleen:

'Grom, brul, wrauw, brom!'

Dat is precies wat de inbreker ook hoort.

De mond van de inbreker zakt steeds verder open, alsof hij niet

kan geloven wat hij ziet.

'Zeg, het is maar een klein draakje hoor.

Als je snel rent, dan win je het van hem!' krijst Netty vanaf de

dakrand.

Maar die goede raad verstaat de man natuurlijk ook niet.

'Zal je wegwezen!' roept Gideon naar de man.

Killian merkt dat Gideon ineens een stuk groter is geworden.

De draak heeft zich zo ver uitgestrekt, dat zijn kop al boven de

schutting uitsteekt.

De schutting om de tuin van Killian is gemaakt van steen en glas.

De man op het plein kan precies zien wat er in de tuin gebeurt.

Ineens begrijpt Killian waarom de man niet wegrent.

De man is zo bang van Gideon dat hij niet meer kan rennen!

'Stop, Gideon!' roept Killian streng.

'Blijf rustig.

Hij doet je niets!'

Maar het is al te laat.

Gideon gromt en brult.

Een paar druppels olie druppelen uit zijn bek.

Killian weet wat er nu gebeurt.

Twee klieren in de bek van Gideon maken die olie aan.

Als Gideon zijn kiezen op elkaar klapt, komt er een vonk.

En dan, dan is die inbreker geroosterd.

'Ren weg!' roept hij tegen de man.

'Ren weg, zo snel als je kan.'

'Daar, op het plein, meneer agent,' klinkt de stem van de buurvrouw.

'Halt!' roept de agent.

Nu pas komt de man in beweging.

Maar hij rent niet weg.

Hij rent recht op Killian af!

Killian schrikt en springt achteruit.

Waarom doet die man dat nu?

Denkt hij, dat hij een draak kan aanvallen?

'O nee, niets daarvan!' roept Gideon.

De draak springt op de tafel en dit keer lukt het wel!

Gideon hupst zo over de schutting heen.

Eenmaal op het plein plopt hij op tot hij een echte grote draak is.

De man op het plein staat heel even stil.

Dan rent hij zo snel als hij kan de andere kant op.

Het plein af, de straat uit.

En Gideon rent er brullend achteraan.

'Mooi,' miauwt Netty.

'Die zien we hier nooit meer terug.'

## 5. De draak die weg was

Tevreden likt Netty haar zwart-witte vachtje.

'De draak is weg, de inbreker is weg, ik ben tevreden,' purt ze.

'Precies, Netty.

Er zijn geen inbrekers meer, hier,' zegt Killian.

Verdrietig staart hij naar het plein.

De agent staat nog aan de andere kant van de schutting van stenen en glas.

De inbreker is weg.

Maar Gideon is ook weggelopen.

De draak die niet kan wegvliegen als er gevaar is, loopt nu in zijn eentje op straat.

'Tjonge, jonge, Killian,' zegt de agent.

'Die draak heb jij goed getemd, zeg.

Hij joeg die inbreker weg alsof het niets was!

Een bijzonder schouwspel.

Je bent een geweldige drakentemmer, Killian.'

'Drakendokter,' verbetert Killian.

'Ook goed,' zegt de agent.

'Is je schutting nog heel?'

Killian haalt zijn schouders op.

'Ik denk het wel,' zegt hij.

Wat kan hem die schutting nou schelen.

Gideon is weg!

Wie weet of hij terugkomt.

Wie weet wat inbrekers doen met draken zoals Gideon!

Onschadelijk maken?

Killian krijgt pijn in zijn buik als hij daarover nadenkt.

'Mag ik je in elk geval hartelijk bedanken?' vraagt de agent.

'We zitten al weken achter een inbrekersbende aan.

Dit was volgens onze informatie één van de belangrijkste boeven.

Iets zegt me, dat we de anderen nu makkelijk zullen vangen.'

'U moet mij niet bedanken, maar Gideon,' zegt Killian.

Het is fijn om een bedankje te krijgen.

Maar liever had hij Gideon terug.

Hij ziet dat de lampen in zijn huis één voor één aangaan.

Eerst op de slaapkamer van papa en mama.

Dan beneden, in de woonkamer.

Zijn ouders zijn natuurlijk wakker geworden.

Het was al een wonder dat zij niet wakker werden toen Gideon huilde in de tuin.

Of toen hij van de tafel viel.

De schuifpui glijdt open.

'Killian, Killian, Killian,' zegt zijn vader.

'Ik hoorde je wel rommelen met die draak.

En toen dacht ik: nou, vooruit, zo'n huilende draak is ook niets.

Misschien kan Killian hem troosten.

Maar nu gaan jullie ook nog gillen en brullen.

Daar moet ik toch echt wat van zeggen.'

Killian zegt niets.

Hij kijkt naar zijn tenen.

Hij doet erg zijn best om niet te gaan huilen.

Maar dat valt niet mee, als je zo moe bent.

'U bent toch de vader van Killian?' vraagt de agent.

'Mag ik u feliciteren?

Uw zoon en zijn draak hebben waarschijnlijk een inbraak verijdeld.'

'Is dat zo?' vraagt Killians vader.

Zijn stem klinkt meteen een stuk vriendelijker.

'Die dappere Killian toch.'

'Ik heb eigenlijk niet zoveel gedaan,' zegt Killian.

'Gideon was dapper.

En nu is hij weg.

Meneer, kunt u mijn draak terugbrengen?' vraagt hij aan de

agent.

De agent knikt.

'Dat doe ik graag voor je.

Maar ik kan natuurlijk niet beloven dat ik hem zal vinden.'

'Het is al genoeg als u het probeert,' zegt Killian.

Dat zegt papa ook altijd.

Meestal gaat het dan over de toetsen die hij op school moet

maken.

Maar voor nu lijkt het ook wel een goede zin.

De agent knikt en neemt afscheid.

'Zo, wat een drukte,' zegt Pluis, die over het dak aan komt

sjouwen.

Pluis is de andere kat van Killian en zijn broer Michael.

'Wat deed die politiemeneer hier?' vraagt Pluis.

'Ja, laat het maar aan jou over om te laat te komen, kat,'

snibt Netty.

'Altijd ben je er.

Altijd overal mee bemoeien.

Altijd mijn bakje plunderen.

Maar als er echt wat moet gebeuren ben je niet thuis.'

'Huh?' zegt Pluis.

'Moest er echt wat gebeuren?

En heb ik het gemist?

Wat is er dan allemaal aan de hand?'

'O, gewoon.

We hadden een inbreker en een draak,' zegt Netty.

'Die nu allebei vermist zijn.

Meer niet.'

Ze steekt haar staart in de lucht en loopt nuffig weg.

'Wow, ik heb dus echt wat gemist,' zegt Pluis.

Hij loopt naar Killian en strijkt langs zijn benen.

Meestal tilt Killian zijn kat dan op, om hem te aaien.

Maar dat gebeurt nu niet.

Killian kijkt ook erg verdrietig.

'Miauw, kan ik helpen?' vraagt Pluisje zacht.

'Gideon is weg, Pluis,' zegt Killian.

'Achter een inbreker aan.

Misschien had die man wel een wapen.

Of ligt Gideon nu onder een auto.'

'Kom op, Killian,' zegt papa.

'Wel blijven nadenken.

Het lijkt me logischer dat auto's door Gideon verpletterd worden.

Volgens je moeder is het een fors beest, die nieuwe draak van

jou,' zegt papa.

Hij strijkt met zijn hand door Killians haar.

'Ik ga binnen even wat melk opwarmen.

Kom je dat zo opdrinken, Killian?

Dan gaan we daarna lekker naar bed.

Alles ziet er beter uit als je hebt geslapen.'

Daar gelooft Killian helemaal niets van.

Maar hij begrijpt dat hij weinig keus heeft.

Misschien vonden papa en mama het goed dat hij de tuin in

ging, vannacht.

Om de draak stil te krijgen.

Maar de straat op, midden in de nacht, in het donker, om een

draak te vinden?

Nee.

Dat vinden ze natuurlijk niet goed.

En al helemaal niet als er ook nog boeven rondlopen.

Dus hij moet wel naar bed, ook al heeft hij geen zin en blijft hij

liever in de tuin.

'Jij moet opletten, Pluis,' zegt hij streng tegen zijn kat.

'En als je Gideon ziet, dan moet je hem naar de tuin brengen.

Ik laat mijn raam open staan, dan kan je zo naar binnen springen.'

Afgesproken?'

'Mrrauw,' zegt Pluis.

'Wat beloof je nou weer, gekke kat!' roept Netty vanaf het dak

van de buurvrouw.

'Zie het al voor je?

Zo'n domme kat als jij, met een draak aan de leiband?

Je wordt geroosterd.

Getoast.

Gebakken.

Gebraden.

Katkebab.'

'Foei, kat, stil!' roept de buurvrouw.

'Stil nu, iedereen en allemaal.'

'Mrrauw,' zegt Netty.

En dan springt ze weg.

Ze rent over de daken van de buren en verdwijnt de nacht in.

## 6. De kat die wakker werd

Als Killian die ochtend wakker wordt, is het eerste dat hij denkt: Gideon.

En het tweede dat hij denkt is: Pluis.

Dat komt, omdat Pluis op Killians bed ligt.

Zijn kop ligt op Killians benen.

En zijn lijf ligt naast Killian.

Pluis is zo net een groot kussen.

Killian gaat rechtop zitten.

'Waar is Gideon?' vraagt hij.

'Ook goedemorgen,' zegt Pluis.

Hij gaat staan en begint zich uit te rekken.

Hij rekt heel langzaam en grondig, zoals katten graag doen.

'Goedemorgen, Pluis.

Waar is Gideon?' zegt Killian.

'Niet zo snel, miauw, niet zo haastig,' maant Pluis.

Hij gaapt uitgebreid en gaat zitten.

'Er kan toch wel een ontbijtje af, eerst?

Wat brokjes in mijn bakje?

Een slokje melk misschien?

Wat snoepjes?

Ik wacht al uren tot je wakker bent, ik heb honger.'

'Irritante kat,' moppert Killian.

Maar hij doet wel wat Pluis vraagt.

Hij staat op, trekt zijn joggingbroek weer aan en racet de

trap af.

'Zo mag ik het graag zien!' purt Pluis opgewonden.

'Ik doe dit niet voor jou,' zegt Killian.

En dat is ook zo.

Als Killian naar de keuken loopt, kan hij meteen in de achtertuin

kijken.

'Nee, hè,' zegt hij zodra hij door de schuifpui kijkt.

Gideon zit niet in de tuin.

Nou, dan kunnen die brokken ook wel even wachten,

vindt Killian.

Hij loopt naar de bank en ploft neer.

'Brokken in mijn bakje.

En anders zeg ik niets,' zegt Pluis, die zachtjes achter hem aan

geslopen is.

'Zeurpiet,' zegt Killian.

Maar hij krijgt wel een ideetje.

Hij loopt naar de keuken.

Hij pakt het pak met kattenbrokken van de hoge plank en

schudt ermee.

Maar hij doet de brokken niet in het bakje.

'Eerst vertellen.

Heb je Gideon gevonden, of niet?' vraagt hij.

'Eerst brokken,' zegt Pluis.

'Eerst vertellen,' zegt Killian.

'Eerst brokken.'

'Nee, eerst vertellen!'

Killian zet het pak kattenbrokken terug op de hoge plank.

'O bah,' zegt Pluis.

'Jij wint.

Ik zal vertellen.'

'Kom op,' zegt Killian.

'Nou, ik ben behoorlijk slim geweest, al zeg ik het zelf,' begint Pluis.

Hij spint even en begint zijn rosse vachtje te likken.

Killian wiebelt ongeduldig heen en weer.

Dat is het probleem met katten.

Als ze ergens trots op zijn, maken ze er een verhaal van dat uren

duurt.

Toen Pluis nog een klein Pluisje was, ving hij op een dag zijn eerste prooi.

Een vogel.

Hij was daar zo trots op, dat hij er dagen over doorzemelde.

'Toen deed die vogel dit, daarna deed ik dat, toen deed die vogel weer dit.'

Hij praatte zoveel, dat Netty er razend van werd.

'Klein irritant dingetje met al je poespas,' zei ze.

'Ja, maar, die vogel,' zei Pluis nog.

En bam, daar had hij hem te pakken: een flinke pets van de poot van Netty.

Toen was het wel over met het geteut.

Nu ja, het was over tot Pluis zijn eerste muis ving.

Toen begon hij weer.

En weer kreeg hij een pets van de poot van Netty.

Maar Netty is nu niet in de buurt.

En Killian wil Pluis niet slaan.

Want dat is niet eerlijk.

Killian is veel groter en sterker dan Pluis.

Er zit niets anders op, dan het katje zijn gang te laten gaan.

'Ik dacht dus: ik kan wel in de tuin blijven zitten wachten op die draak,' zegt Pluis.

'Maar je wilt niet weten hoe saai dat is!

Dus, nou, toen dacht ik: ik ga zoeken.'

Pluis likt over de vacht van zijn pootje.

'Ja, je ging zoeken,' moedigt Killian aan.

'En toen?'

'Weet je wel hoe saaaaai dat is?' zegt Pluis.

'Dus ik dacht meteen: mrrauw, ik heb gezelschap nodig.

En toen heb ik alle katten uit de buurt geroepen.

Die nep-Netty van de overkant.

Het lapje uit de speeltuin.

Die schuwe witte uit de volgende straat.

En dat kleine snelle zwartje dat hier verderop logeert.'

'En toen vond je Gideon,' knikt Killian.

'Eh, mrrauw, nouuuuu, nee,' zegt Pluis.

Killian gaat op zijn tenen staan en pakt de sleutel van de

achterdeur van het rekje af.

Hij houdt de sleutel omhoog, zodat Pluis hem goed kan zien.

'Vertel waar Gideon is, Pluis.

Anders doe ik de achterdeur open en laat ik Netty naar binnen.

Dan mag zij jouw brokjes.'

Pluis kijkt Killian aan alsof hij wil zeggen: 'Dat durf je niet.'

'Opschieten, Pluis, anders gaat de deur open,' zegt Killian.

'Miauw, miauw.

Hij zit in het huisje bij de speeltuin,' zegt Pluis.

'Mooi,' zegt Killian.

Hij doet wat brokjes in het bakje van Pluis.

En dan rent hij naar boven om zich fatsoenlijk aan te kleden.

Onderbroek, spijkerbroek, sokken en een shirt.

Jas en schoenen uit de gang, aantrekken, klaar.

'Ik weet waar Gideon is, mama, ik ben naar de speeltuin!'

brult hij.

Hij wacht niet af of mama wat terug zegt.

Het maakt toch niet uit wat ze zegt.

'Moet je niet eerst ontbijten?'

Of

'Het is nog veel te vroeg, joh.'

Hij gaat toch.

'Killian, Killian, Killian, Killian, Killian, Killian!

Er is nog wel iets dat je moet weten!' roept Pluis.

Maar Killian wacht ook niet op zijn  kat.

Hij glipt door de achterdeur en rent het plein op.

Hij springt handig over Netty heen, die net het plein op trippelt.

'Ga maar door het raam,' roept hij haar toe.

'De brokken staan in de keuken!'

En dan holt hij verder, naar de speeltuin.

'Gideon!' roept hij. 'Ik kom eraan!'

## 7. De draak die terugkwam

'Wacht nou, Killian.

Er is nog iets dat je moet weten,' roept Pluis.

'Dat kan wachten!' zegt Killian.

Hij rent weg, naar de speeltuin.

Daar is Gideon de draak en Killian wil nu weten hoe het met

hem is.

Gideon is de hele nacht weggeweest, achter een inbreker aan.

Pluis rent achter Killian aan en roept:

'Killian, Killian, wacht nou, Ki.'

Maar Killian is niet van plan om te luisteren naar zijn kat, hij rent

gewoon door.

'Het gaat over Gideon!' roept Pluis.

'Hij wil je niet zien.

Hij wil niemand zien!'

'Hij wil mij heus wel zien,' zegt Killian.

Pluis schiet langs hem heen.

Het katje rent zo snel, dat hij bijna over zijn pootjes struikelt.

'Hij wil juist jou niet zien.

Hij schaamt zich rot, Killian!' zegt hij tegen Killian.

Nu staat Killian toch stil.

Pluisje kan niet zo snel stoppen.

Hij schiet nog een paar meter door en springt dan snel terug.

'Wat zeg je nu?' vraagt Killian.

'Waarom zou Gideon zich schamen?

Dat hij niet kan vliegen weet ik al.

Ik ben juist trots op hem.

Gisteren was hij een echte held.

Hij joeg die boef zo de straat uit!'

'Pff,' zegt Pluis.

'Lekker bijzonder.

Ik jaag zo vaak iets de straat uit.

Nee, Killian, hij schaamt zich en hij wil niemand zien.'

Killian aarzelt.

Zo'n dag heeft hij ook wel eens: dat hij niemand wil zien.

Hij kan Gideon nog wel even met rust laten.

Nee.

Nee, dat kan niet.

Gideon kan willen dat Killian hem met rust laat, maar het gebeurt niet.

Killian is een drakendokter en hij gaat de draak helpen.

Of Gideon dat nu wil of niet.


Gideon zit ondertussen in het huisje in de speeltuin.

Het is geen gewoon speelgoedhuis, het is meer een soort clubhuis.

Er staat een lange tafel met stoelen.

En er is een klein keukentje.

Daar kunnen de ouders een glas limonade maken voor de kinderen.

Maar nu gaat dat niet.

Gideon zit in dat huis.

En het huis is vol.

Gideon heeft zichzelf wel klein gemaakt.

Maar er ging iets mis tijdens het krimpen.

Het lukte maar half.

Nee, Gideon werd niet zo klein als eerder, toen hij de kamer van Killian in ging.

Hij ligt op de lange tafel.

Alleen zijn lijf past op de tafel.

Zijn lange nek buigt slapjes naar beneden en zijn kop ligt op de grond.

Zijn vleugels hangen zieligjes aan weerszijden op de grond.

En zijn lange, sterke staart?

Die ligt ook slap op de grond.

Arme Gideon voelt zich zo moe.

Hij kan zijn kop nauwelijks optillen.

Kleiner worden lukte al niet goed.

En Gideon voelt dat hij zichzelf ook geen decimetertje groter

kan maken.

Vliegen lukte al niet meer.

En Gideon is erg bang dat vuurspugen ook niet meer lukt.

Goed, goed, dat heeft hij nog niet echt goed uitgeprobeerd.

Hij heeft nog niet echt wild gegromd en gebruld.

Hij zit immers in een houten huisje.

Dat huisje wil hij niet per ongeluk in brand steken.

Maar het lukt hem niet om olie uit zijn klieren te laten stromen.

Zelfs het blazen van een rookwolkje lukt niet.

Er is iets helemaal, helemaal mis met hem.

'Owww,' kreunt Gideon.

Wat kan er toch met hem zijn?

Als hij heel stil blijft liggen valt hij misschien wel in slaap.

En als hij dan wakker wordt, is het allemaal een droom geweest.

Dan is hij gewoon weer in zijn eigen grot.

Wat rondvliegen in de ochtend.

Achter de schapen aan in de middag.

Rondplonsen in de zee als het avond wordt.

Maar Gideon valt niet in slaap.

Hij wordt juist steeds wakkerder, want hij hoort voetstappen
dichterbij komen.

Als Gideon de voetstappen van Killian herkent doet hij zijn
ogen stijf dicht.

Alleen Pluis en Netty wisten waar hij was.

O, die domme katten hebben hem verraden!

Hij had het kunnen weten.

Katten zijn altijd zo onbetrouwbaar.

Katten doen altijd maar hun eigen zin.

Misschien moet hij ze maar opeten!

Ja, dat zou hij zo doen.

Als hij zich niet zo beroerd voelde, tenminste.

De deur gaat open en Killian komt binnen.

'Ga weg, ga weg, ga weg,' mompelt Gideon.

Hij houdt zijn ogen dicht.

Hij hoopt dat Killian denkt dat hij slaapt.

Of begrijpt dat hij niet wil praten.

Niet over vliegen.

Niet over vuurspugen.

Nergens over.

'Sorry, sorry, sorry,' ratelt Pluis.

Het katje stormt het gebouw binnen en struikelt over zijn pootjes.

Zoveel haast heeft hij.

'Ik wilde je niet verraden.

Hij sleurde het uit me, draak!'

Pluis springt op de staart van Gideon.

Dan rent hij gewoon door, tot hij bij Gideons kop zit.

Hij strijkt zijn kopje langs de oren van Gideon.

Dat is om het goed te maken.

Gideon houdt zijn ogen dicht en beweegt zich niet.

'Doe je ogen maar open hoor, ik weet dat je wakker bent,'

zegt Pluis.

'En het spijt me, maar Killian komt je helpen.

Hij vindt het helemaal niet erg dat je niet kan vliegen.

Of vuurspugen.

Of krimpen.

Of groter worden.'

'Geloof ik niets van,' zegt Gideon.

'Zie je wel dat hij wakker is,' zegt Pluis tegen Killian.

Gideon doet een oog open.

Met dat oog kijkt hij naar Killian.

'Ik wil niet dat je me zo ziet,' zegt hij.

'Ik ben een mislukking.

Een loser.

Een faaldraak.

Ik kan helemaal niets.'

Dit keer huilt Gideon niet heel luid.

Er drupt alleen een grote traan uit zijn oog.

Maar eigenlijk ziet dat er nog veel zieliger uit, vindt Killian.

'Kom op Gideon,' zegt hij.

'Ik vind je helemaal geen mislukking.

Je bent gewoon een beetje, eh.

Nou, je bent eigenlijk een beetje, nou.

Als je het mij vraagt ben je alleen maar een beetje, hoe heet het.'

Ineens weet Killian het antwoord.

'Ziek!

Je bent een beetje ziek!

Gideon, je bent alleen maar een beetje ziek.

Dat kan de beste gebeuren, gewoon een beetje ziek zijn.'

'Ziek?' vraagt Pluis.

'Nee, dat is onzin.

Draken kunnen niet ziek worden.

Nog nooit gezien, een zieke draak.'

'Kunnen we ook niet: ziek worden,' zegt Gideon.

'O ja, dat kunnen jullie wel,' zegt Killian.

'Waarom denk je dat ze mij de drakendokter noemen?

Echt niet alleen om verbrande pootjes te verbinden.

Of verstopte olieklieren te ontstoppen.

Nee hoor.

Ik heb thuis een dik, dik boek, en daar staat het allemaal in.

Alle drakenziektes.

De vreselijke pip.

De grote drakenvlek.

De antieke drakenziekte.

Het paarse pulperpotsyndroom.

Wacht hier.

Ik ben zo terug!'

Killian sprint ervandoor.

'Ik haal dat boek en dan lap ik je weer op, Gideon!' roept hij.

'Wacht hier,' herhaalt Gideon tegen Pluis.

'Volgens mij verwart jouw baas mij met een draak die kan vliegen.'

'O, doe niet zo zielig,' kat Pluis.

'Over een paar uur ben jij weer zo fit als een watermeloentje.

En dan kunnen Netty en ik weer rennen voor ons leven.

Want dan sproei jij de hele buurt onder de vuurspetters.'

Ik weet precies hoe dat gaat.'

'Doe ik echt niet,' zegt Gideon.

'O, echt wel,' zegt Pluis.

'Omdat je zo blij bent dat je vuurtje het weer doet.

En je weer kan fladderen en flappen.'

En dan grijnst hij.

'Maar dat geeft niets.

Lachen juist.

Word jij nu maar beter, Gideon.

Dat is het belangrijkste, mmrrauw.'

## 8.  Het goede boek

'Wat kom je doen?' vraagt Netty.

Ze zit op de vensterbank in de kamer van Killian.

'Een boek zoeken,' zegt Killian haastig.

'Wat voor boek?' vraagt Netty

'Dat dikke broek over draken, die ene waar ook alle ziektes

in staan.

Zwart, dik, met goud erop.

Heb jij hem gezien?'

'Ziektes?' vraagt Netty.

'Bij een draak?

Draken worden nooit ziek.

Pootpijn, kiespijn, stekelpijn, verstopte olieklieren.

Maar niet ziek-ziek.'

'Draken worden wel ziek-ziek,' zegt Killian.

'En Gideon is beslist ziek.'

Killian trekt het ene na het andere boek uit de kast.

Soms bladert hij even door de pagina's.

Maar de meeste boeken gooit hij meteen achter zich neer.

Waar is het boek dat hij zoekt nou?

'O jaaaa. Gi-de-on,' zegt Netty.

'Hè, het was me net gelukt om hem te vergeten.

Stomme draak.

Maar is het waar, is hij ziek?

Gaat hij dood?'

'Yep, hij is ziek.

En hij gaat niet dood.

Ik ga hem beter maken,' zegt Killian.

'Nee, hè,' zegt Netty.

'Het is vreselijk als jij draken beter maakt.'

'Wat nou?' vraagt Killian.

Hij laat zijn boeken even in de steek.

'Ik ben toch de drakendokter?

Slechte dokter zou ik zijn, als ik draken niet beter maakte.'

'Pff.

Voor katten is het niets.

Draken zijn veel te blij als ze genezen zijn.

Vuurtje hier, vuurtje daar.

En wie kunnen er weer rennen?

Juist, de katten.

Voor hun leventjes.'

'Stel je niet zo aan.

Gideon is een brave draak,' zegt Killian.

'Ik weet alleen niet precies wat hij heeft.

Dat staat in het boek.'

'Heb je hem eigenlijk al onderzocht, dan?

Zit hij nog in het speeltuinhuisje?

O, oepserdefloeps, dat mocht ik eigenlijk niet zeggen,

mmrrauw,' purt Netty.

'Die draak heeft goede vrienden aan jullie,' vindt Killian.

Jullie zijn ook hééél goed in het bewaren van geheimen .'

'Mrrauw, ik ben geen drakenvriend.

En het was een stom geheim,' moppert Netty.

'Dus Pluis had het ook al verraden.

Nou, dat valt me van hem mee.'

'Het viel Gideon een beetje tegen,' zegt Killian.

'O ja?

Heeft hij een stoofschoteltje van Pluis gemaakt?

O, ik hoop het zo!' miauwt Netty.

Killian gooit nog een paar boeken uit de kast op de grond.

Staat dat boek eigenlijk wel in de kast?

En dat malle gedoe van Netty helpt ook niet.

'Er gaat niemand dood vandaag,' zegt hij streng tegen de kat.

'En je mag je vrienden niet verraden.

Ook al ben ik dit keer blij dat jullie het wel gedaan hebben,

netjes is het niet.

Dus ga maar ergens op een dak zitten en je schamen.

Maar laat mij rustig mijn boek zoeken.'

'We moesten hem wel verraden,' purt Netty.

'Hoe komen we anders van hem af?

Heb je wel gezien dat hij in dat hele huisje zit?

In het hele huisje!'

'Onder het bed!' roept Killian uit.

'Nee, op de tafel,' zegt Netty.

'Er staat toch geen bed in het speeltuinhuisje?

Wat zeur je nou over een bed?'

'Stt,' zegt Killian.

Hij laat zich op zijn knieën vallen.

Hij buigt zich voorover en kijkt onder het bed.

Daar ligt veel.

Heel veel.

Ligt het boek er ook?

Killian ziet een kaartenhouder liggen.

Dat is een lange, gebogen lat.

Daarmee kan hij de spullen onder het bed vandaan hengelen.

Killian hengelt knuffels, lege waterflesjes, speelgoed en boeken

onder het bed vandaan.

En ja, daar ligt het!

Daar, in het verste, donkerste hoekje onder zijn bed.

Killian gaat plat op zijn buik liggen.

Hij hengelt en hengelt.

En dan lukt het.

Het boek dat hij zocht ligt voor hem op de grond.

Killian blaast het stof eraf.

De kaft is zwart.

De band is dik.

Er zit een ovale spiegel op de voorkant.

Het is een echte spiegel, met een rand van donkere

rozenbladeren en doorns eromheen.

Op de bladeren en de doorns zitten kleine streepjes goud.

Killian gaat zitten, zomaar tussen alle spullen op de grond.

Tussen de knuffels, de waterflesjes, het speelgoed en alle

boeken.

Hij slaat het boek open.

De pagina's zijn dik en er zitten gele en bruine vlekken op

het papier.

Dat komt omdat het boek ontzettend oud is.

Zo oud als draken kunnen zijn.

Killian heeft het vorig jaar op de rommelmarkt gekregen van een oude man.

'Drakenmeester,' zei die man.

Killian keek meteen om.

Niet omdat hij dacht dat hij een drakenmeester was.

Maar gewoon, omdat hij het woord draak hoorde.

De man wenkte hem dichterbij.

Killian liep terug, naar het kraampje van de man.

De man bekeek hem een lange tijd.

'Nee, geen drakenmeester.

Een drakendokter.

Nog beter,' zei de man toen.

Killian wist helemaal niets te zeggen.

Hoe wist die meneer dat?

Hij hoefde ook niets te zeggen, want de man bukte zich meteen.

Hij pakte een boek uit een doos onder de kraam.

'Dit is voor jou,' zei hij tegen Killian.

'Het is een Drakenalmanak.

Erg oud, erg waardevol.

En nu van jou.'

Killian keek naar het boek dat in zijn handen werd gedrukt.

Het was dik en zwaar.

De spiegel op de voorkant was toen nog helemaal dof.

Maar hij voelde dat de man gelijk had: dit boek hoorde bij hem.

Toen Killian opkeek om dankuwel te zeggen, was de man weg.

En Killian ging naar huis met een dik oud boek over draken en

hun verzorging.

Hoe vaker hij erin bladerde, hoe mooier de spiegel ging glimmen.

Eigenlijk best wel dom dat hij dat boek uiteindelijk zomaar onder

zijn bed heeft gepropt.

Killian bladert door tot hij bij het hoofdstuk is dat over ziektes gaat.

Plof.

Netty landt voor hem op de grond.

'Ga nou eens weg,' zucht Killian.

'Je moeder komt eraan,' zegt Netty.

'Hoor je niet dat ze de trap oploopt?

Als ze hier komt en al die rotzooi ziet, mag je niet naar buiten.

Dan moet je eerst alles netjes opruimen.

Netjes, netjes, netjes.'

'Alle zalmen,' vloekt Killian.

'Dat kost veel te veel tijd!'

Hij schuift zoveel mogelijk spullen terug onder het bed.

En hij mikt de boeken in de boekenkast.

Ze staan dwars en zigzag door elkaar.

Het ziet er niet echt netjes uit.

Maar als mama ernaar vraagt zal hij zeggen, dat hij het zo

mooier vindt.

Netty helpt ook mee.

Eerst probeert ze wat boeken onder het bed te proppen.

Maar dat gaat niet zo makkelijk als je kattenpootjes hebt.

Daarom loopt Netty naar de overloop.

Ze geeft kopjes aan de benen van Killians moeder.

'Wat ben jij opeens vriendelijk?' vraagt ze.

'Je broek voelt zo fijn,' purt Netty.

'Malle kat,' zegt mama.

Ze bukt zich om Netty te aaien.

Netty spint zo luid ze kan.

Ze is niet echt dol op aaien en knuffelen.

Al dat gepluk aan haar vachtje, bah.

Maar draken vindt ze nog veel erger!

Dus ze doet toch maar erg haar best om te spinnen en lief

te doen.

Dan rent Killian zijn kamer uit, met de Drakenalmanak onder

zijn arm.

Hij heeft zoveel mogelijk opgeruimd.

Maar hij is liever weg voor zijn moeder in zijn kamer kijkt.

Dan ziet ze vast wel dat het eigenlijk nog gewoon een rommel is.

'Ik moet even wat doen!' roept hij.

'Mmrrauw,' zegt Netty.

Zij sprint zo snel ze kan achter Killian aan.

'Nou, nou,' zegt Killians moeder.

'Wat een raar stelletje.

Waarom zouden ze zoveel haast hebben?'

## 9. Hocus pocus, pilatus

Killian rent met zijn bijzondere boek naar buiten.

Maar hij gaat niet naar de speeltuin.

Hij wil Gideon niet bang maken.

Hij wil eerst weten welke ziekte de draak heeft.

Dan weet hij ook hoe hij het aan Gideon moet vertellen.

Blij en opgewonden: 'Ik kan je genezen!'

Of juist kalm of een beetje verdrietig: 'Gideon, luister eens.

Het spijt me, maar je bent heel ziek.'

Daarom gaat Killian naar de bankjes die bij de kleine sloot staan.

Aan de overkant van die sloot worden nieuwe huizen gebouwd.

Dat maakt kabaal.

En er komt stof van.

En het ziet er niet zo leuk uit.

Er zit bijna nooit iemand op de bankjes.

Dat vindt Killian nu precies goed.

Hij wil liever niet gestoord worden, als hij met drakenzaken

bezig is.

Mensen begrijpen het vaak verkeerd.

Ze worden bang.

Of ze willen veel te graag helpen.

Nee, hij kan het beter alleen doen.

Killian slaat het boek meteen open op de juiste plaats.

'Ziektes en Aandoeningen', heet dat hoofdstuk.

De Vreselijke Pip staat bovenaan het lijstje.

De Vreselijke Pip blijkt een soort hik te zijn.

Een hele hardnekkige hik die wel drie weken kan duren.

Bij elke hik spuugt een draak met de Vreselijke Pip een straal vuur.

Drie weken achter elkaar!

De draak op de tekening is zo moe dat hij er scheel van kijkt.

Er is geen geneesmiddel voor.

Het boek raadt aan om de draak in een grot te verstoppen.

Een grot in de buurt van veel water.

'Gelukkig heeft Gideon dat niet, Netty,' zegt Killian.

Dan komt Killian bij het stukje over de Grote Drakenvlek.

De Grote Drakenvlek is een oogziekte.

Een draak ziet dan alleen nog vlekken.

En daar gaat hij heel raar van doen.

Rondjes achter zijn eigen staart aan vliegen bijvoorbeeld.

Of jammeren en rare liedjes zingen.

Nee, dat lijkt ook niet op de ziekte van Gideon.

Over de Antieke Drakenziekte staat weinig in het boek.

Dat hoeft ook niet.

De Antieke Drakenziekte is de meest verschrikkelijke ziekte
van allemaal.

Draken die de Antieke Drakenziekte krijgen sterven binnen
een dag.

Het begint met vreselijke spierpijn.

Dan koppijn.

En tenslotte krijgt de arme draak zwerende bulten.

En een geneesmiddel is er niet.

Gelukkig is het een heel zeldzame ziekte.

En Killian weet heel zeker dat Gideon dit niet geeft.

Het Paarse Pulperpotsyndroom is gelukkig een stuk minder erg.

Draken die dat hebben krijgen overal paarse vlekken.

Vooral op hun stekels.

Ze blijven een paar dagen zitten en trekken dan weer weg.

Groene draken zeggen dat de vlekken erg jeuken.

Rode draken hebben helemaal geen last van jeuk.

Gideon heeft geen paarse vlekken.

Niet eens een kleintje.

Dan ziet Killian iets bijzonders.

Helemaal onderaan de vijfde pagina, staat een ziekte die hij

nog niet kent.

Daar heeft hij vast overheen gekeken, toen hij het boek voor

de eerste keer las.

'Perire Magus Plenus,' leest Killian.

Het woord 'Plenus' herkent hij.

Dat betekent zoiets als totaal, of volledig.

Hij slaat de bladzijde snel om.

Bovenaan de volgende pagina staat de vertaling.


*Totale toververwelking.*


'Hmm,' zegt Killian.

Toververwelking.

Dat zou kunnen.

Hij gaat snel verder naar het stukje waar staat hoe je
Perire Magus Plenus herkent.

"PMP begint met uitval van de vleugelkracht.
Daarna verdwijnen langzaam
de andere magische krachten van de draak.
Vuurspugen.
Groeien en krimpen.
Gevaar voelen aankomen.
Mensen ruiken.
Teennagels intrekken.
En zo meer, afhankelijk van de krachten
die de draak bezat."

'Teennagels intrekken?' vraagt Netty.
Ze is onder Killians arm gekropen en leest mee in het boek.
'Ik dacht dat alleen katten dat mochten.'
'Mauw toch niet zo raar,' zegt Killian
'Help me liever om dit snel te lezen.
Zie jij ergens een geneesmiddel staan?'
'Nee,' zegt Netty meteen.
'Je hebt niet eens gelezen,' zegt Killian.
'Geen zin,' zegt Netty.

'Gaat die domme draak dood van toververwelking?'

'Nee,' zegt Killian.

'Want wij gaan het geneesmiddel vinden.

Als je geen zin hebt, dan maak je maar zin, kat.'

Zo.

Dat zegt mama ook altijd.

Het is Killian nog nooit gelukt om zin te maken.

Maar misschien kunnen katten het wel.

'Mrrauw, ik wil alleen maar dat hij weggaat, mrrauw,' zegt Netty.

'Hij stinkt, die draak.

Bah, bah, bah.'

'Dat is het nu juist.

Als ik niets doe, zit er voor eeuwig een draak in de speeltuin,'

legt Killian uit.

'Dat vind jij niet goed.

En ik denk ook dat de buren dat niet goed vinden.'

'Mrrrauw,' zegt Netty boos.

'Dag Killian,' zegt een bekende stem.

Killian draait zich snel om.

Wie stoort hem hier?

Het is een agent.

Dezelfde agent met wie hij vannacht op het plein sprak.

'Je moeder dacht al dat je hier was,' zegt de agent.

'Ik wilde je even zeggen dat we de hele boevenbende te

pakken hebben.

Die man van vannacht was zo bang!

Hij verraadde al snel de rest van de club.'

'Nou, heeft die domme draak toch nog iets goed gedaan,'

mauwt Netty.

'Dus nogmaals dank, Killian,' zegt de agent.

'Nu hebben we de inbrekers.

Maar je draak kon ik niet vinden.

Dat spijt me toch wel en dat wilde ik je zelf vertellen.'

'Het geeft niet,' zegt Killian.

'Ik heb hem al gevonden.

Hij zit in de speeltuin.

Maar hij is ziek.

In dit boek staat hoe ik hem kan helpen,

Ik kan alleen de juiste tekst niet vinden.'

'Ach, jongen toch,' zegt de agent.

'Ik begrijp het, ik stoor je.

Zoek jij die tekst.

Dan zorg ik ervoor dat je draak veilig in de speeltuin kan liggen.

En dat er niemand bang wordt of gaat klagen.'

'Mrrrauw,' zegt Netty.

'Echt knap als je dát redt: dat niemand klaagt, miauw.'

Het is maar goed dat de agent Netty's gekat niet verstaat,

vindt Killian.

Agenten spreken gelukkig geen kats.

## 10. Een pot vol goud

Killian zit op een bankje bij de sloot.

Op zijn schoot ligt de Drakenalmanak.

Hopelijk vindt hij daarin een geneesmiddel voor Gideons Totale

Toververwelking.

Hij zat er net in te lezen toen de agent hem aansprak.

De agent vertelde dat de boef was gevangen.

Dankzij Gideon!

Dat vindt Killian natuurlijk heel fijn.

Maar hij zal het nog fijner vinden, als hij het geneesmiddel vindt,

'Ik pas op Gideon, terwijl jij in het boek leest,' zegt de agent.

'Ik hoop dat je een geneesmiddel voor je draak vindt.'

'Dank u,' zegt Killian.

Het is fijn als de agent naar de speeltuin gaat om Gideon te

bewaken.

Killian voelt nu pas, hoe bang hij was dat er iemand zou

gaan klagen.

Tenslotte is het niet niks, een draak in de speeltuin.

Iemand zou Gideon kunnen gaan uitlachen omdat hij zo

hulpeloos is.

Of bang maken.

De meeste mensen in het dorp houden van draken.

Maar niet iedereen vindt ze leuk.

En wat doet Gideon dan, als hij bang of zenuwachtig wordt?

Is al zijn tover verwelkt, of kan hij met een boze proest de hele

speeltuin in brand steken?

Maar nu hoeft Killian daar niet ongerust over te zijn.

'Goed, dan ga ik nu Gideon bewaken,' zegt de agent.

'Ik zie je daar wel als je klaar bent, Killian.'

De agent loopt weg en Killian pakt de Drakenalmanak weer op.

Hij speurt en hij speurt in de woorden en de zinnen.

Er staat van alles in het boek over Totale Toververwelking.

Maar hij leest niets, nergens, niet één dingetje over een

geneesmiddel.

Killian leest de tekst een keer, twee keer.

Hij bladert vooruit en achteruit.

'Niets,' zegt hij tenslotte.

Hij slaat boos met zijn hand op het boek.

'Bij alle ziektes staat het geneesmiddel.

Maar niet bij Perire Magus Plenus, hoor.

Nee, dat zou veel te makkelijk zijn.'

'Wacht eens,' zegt Netty.

'Wat staat er in die bloem?'

De kat zet haar poot op de bladzijde.

Vlak boven haar poot staat een tekening van een tros witte
bloemen.

Het is een takje met bloesem, ziet Killian.

Rondom de bloementros staan woorden.

Killian moet het hele boek omdraaien om alles te kunnen lezen.

En hij moet zijn ogen soms tot spleetjes knijpen.

Dan zijn de letters zo klein en verbleekt dat hij ze nauwelijks kan
ontcijferen.

'Wat staat er, wat staat er, wat staat?' vraagt Netty.

'Lees nou voor.'

'Wacht even,' zegt Killian.

'Ik kan nog niet alle woorden lezen.'

Killian draait het boek nog een keer om.

Wacht, nu ziet hij het.

Ja, zo kloppen de zinnen.

Killian leest de woorden voor:

'Uit deze bloem vloeit het goud.

Voer het met liefde

aan de draak waar je van houdt.'

Daarna herhaalt hij het versje:

'Uit deze bloem vloeit het goud.

Voer het met liefde aan de draak waar je van houdt.

Tss.

Ik begrijp er niets van.'

'Dat komt omdat je niet nadenkt,' zegt Netty.

'O, dus jij snapt het wel?' vraagt Killian.

'Nee,' zegt Netty.

'Wat zit je dan te miauwen?' kat Killian.

'Nou, ik wil gewoon dat je een beetje opschiet!' zegt Netty.

Ze tapt met haar pootje op het boek.

'Denk nou gewoon eens na.

Goud uit de bloem.'

'Ja, en?

Ik kan wel lezen wat er staat,' zegt Killian.

'Maar het is onzin, goud uit een bloem.

Madeliefjes hebben goud.

En goudsbloemen hebben goud.'

Maar dat kan je er niet uithalen.

En de bloemen op het plaatje zijn wit.

Ik snap er niets van.'

'Denk dan na!' roept Netty.

Nu slaat ze met haar pootje op Killian.

Pets!

'Hé, wat zijn jullie aan het doen?

Lekker potje petsen?' roept Pluis.

Hij komt aanhuppelen over het pad en huppelt meteen door

naar Killian.

En hij petst ook meteen met zijn poot op de hand van Killian.

'Zeg, wat doe jij nou?' vraagt Killian boos.

'Ik doe mee met petsen,' zegt Pluis.

'We zijn helemaal niet aan het petsen,' zegt Killian.

'Netty is aan het petsen.

Ze doet heel vervelend.'

'Je bent zelf vervelend,' miauwt Netty.

'Er staat een zin in de almanak, Pluis.

Een belangrijke zin:

Uit deze bloem vloeit het goud.

Dat snapt Killian niet!

Hoe dom is dat?'

'Alsof jij hem snapt!' zegt Killian.

'Ik hoef het niet te snappen, ik ben een poes,' zegt Netty nuffig.

'En bovendien, ik hoef niet zo nodig een draak te redden.

Ik wil gewoon dat hij ophoepelt.

Dood of levend, dat maakt mij niet uit.'

'Wat ben jij een valse kat, Netty,' zegt Killian.

Pluis kijkt in het boek.

'Bedoel je die bloem?' vraagt hij.

Hij zet zijn pootje erop.

'Dat is een acaciabloem,' zegt hij.

'Een wattus?' vraagt Netty.

'Een a-ka-sia bloem,' herhaalt Pluis.

'De honingbloem.

Hij staat op het potje op je moeders aanrecht, Killian.'

'Een honingbloem...' herhaalt Killian.

Hij begint te stralen.

Hij pakt het katje op en tilt hem hoog in de lucht.

'Je bent geweldig!' roept hij uit.

Killian zwaait Pluis aan de voorpootjes in het rond tot het katje:

'Miauw' roept.

Dan geeft Killian Pluis een enorme zoen op zijn koppie.

'Dank je wel Pluis.

Je bent briljant!' zegt hij.

'Nou, nou, nou,' zegt Netty boos.

Ze likt haar vacht.

'Briljant.

Toe maar.

Wat een aanstellerij,' zegt ze.

'Snap je het niet, Netty?' vraagt Killian.

'Pluis heeft het raadsel opgelost.

Uit deze bloem vloeit het goud.

Voer het met liefde aan de draak waar je van houdt.

Het gaat om honing!

We moeten Gideon met veel liefde honing voeren!

Het moet kloppen, Pluis.

Iedereen weet dat honing zuiver en puur is.

En liefde is de grootste magische kracht.'

'Hoor hem nou,' purt Netty.

'Liefde is de grootste magisch kracht, prauw.

Alsof je daar ineens alles vanaf weet.'

Ze blaast heel hard: 'Tsss.'

'Straks wil hij nog dat ik die draak knuffel.

Of zijn pootje vasthoud.

Of zijn schubben zoen.'

Netty steekt haar staart in de lucht en dribbelt weg.

'Bah,' moppert ze terwijl ze wegloopt.

Stinkdraak.

Hij stinkt.

Bah, bah.

Met heel veel liefde.

Tuurrlijk.'

'Nou, daar hebben we helemaal niets aan,' zegt Pluis.

'Nee.' Kilian zucht.

'Hoe komen we aan honing, Pluis?

Dat kleine flesje van mama is vast niet genoeg.'

'Mrauw,' zegt Pluis.

'Daar heb ik ook al niets aan,' zucht Killian.

Dan ziet hij de grote grijns op het bekje van Pluis.

'Jij zit ook helemaal niet op te letten,' zegt Pluis.

Wat staat daar nou?

Waar kijk ik naar?'

'De supermarkt!' roept Killian.

'Ach, natuurlijk, daar hebben ze honing.'

Blij staat Killian op.

Maar hij gaat meteen weer zitten.

'We hebben geen geld,' zegt hij teleurgesteld.

'Ik heb al mijn geld opgemaakt.

Hoe moet dat nu?'

## 11. Help de draak!

'Geen geld voor honing.'

Pluis gaat zitten.

'Daar had ik even niet aan gedacht.

Honing kost geld.'

Hij likt aan zijn vacht.

'En als we geen honing hebben, hebben we geen medicijn

voor Gideon.'

'Bedankt voor de herhaling,' moppert Killian.

Hij leunt tegen de leuning van het bankje.

Hij strekt zijn benen en vouwt zijn handen achter zijn hoofd.

Zo kan hij goed nadenken.

Maar er komt geen goed plan in hem op.

Hoe moet hij aan geld komen, om honing te kopen voor

de draak?

Honing is het enige dat helpt tegen Totale Toververwelking.

Het enige dat Gideon beter kan maken.

En Gideon moet beter worden!

Een draak die al zijn magie verliest, kan niet blijven leven.

Zo'n draak kan zichzelf niet beschermen.

Hij kan niet meer vluchten voor gevaar.

Of vijanden aanvallen.

En hij kan geen eten vangen.

Want draken eten graag vis.

Om die vis te vangen vliegen ze laag over het water.

Ze verspreiden een geur die vissen erg lekker vinden.

De vissen zwemmen dan naar boven en hap: drakenvoer zijn ze.

En draken vissen het liefst in de nacht.

Als niemand ze ziet.

Ze gebruiken hun vuur om licht te maken en de weg te vinden.

Zonder vleugels en zonder vuur is een draak hulpeloos.

Het ergste is dat een draak zonder magie wegkwijnt.

In het boek staat dat draken met Totale Toververwelking niet
willen leven.

Ze voelen zich duizend jaren oud.

Dat zijn ze vaak ook, maar draken voelen zich altijd jong.

Ze denken vaak ook dat niemand van hen houdt.

Ze geven het gewoon op.

Killian slaakt een diepe zucht.

Misschien heeft hij nu zelf wel last van Totale Toververwelking.

Hij zou het ook best op willen geven, nu.

'Wat zit je nou te treuren?' zegt Pluis.

'Het is toch duidelijk wat je moet doen?'

'Huh?' zegt Killian.

'O, kom op, Killian,' zegt Pluis.

Hij stopt met de verzorging van zijn vachtje.

Hij springt op Killians schoot en zet zijn pootjes op Killians

schouders.

'Het is geen geheim dat jij de drakendokter bent.

De mensen in dit dorp hebben al zo vaak draken gezien.

En er zijn genoeg mensen die net zoveel van ze houden als jij.'

'Dus?' vraagt Killian.

Leuk, dat andere mensen ook van draken houden.

Maar wat heeft hij daar op dit moment aan?

Pluis tikt met zijn pootje tegen Killians wang.

'Hallo, word eens wakker!' roept hij.

'Er zijn vast heel veel mensen die je willen helpen.

Die willen dat Gideon weer beter wordt.

Je hoeft het ze alleen maar te vragen.'

Killian kijkt Pluis aan.

Pluis heeft weer die grijns op zijn snuitje.

'Vragen?' herhaalt Killian.

Pluis knikt.

'Yep, vragen.

Maak een mooi bord:


**Red de draak!**

**Geef honing!**


En dan ga je bij de supermarkt staan.'

'Pluis, je bent geweldig!

Dat is briljant!' roept Killian.

'Tuurlijk, weet ik toch,' spint Pluis.

'Nou, opschieten, Killian.

We hebben geen tijd te verliezen!'

Killian rent naar huis, om zijn schoolbord en krijtjes te halen.

'Hoi mam,' roept hij, als hij naar binnen rent.

Hij hoeft niet te zoeken naar het bord en de krijtjes.

Ze staan gewoon in de achterkamer.

'Doei, mam,' roept hij twee tellen later.

'Ho, ho.

Wat ga je doen?' vraagt mama.

'Gideon redden!' roept Ki.

'Ik heb haast!'

Hij rent nog even terug om een krukje te pakken.

Daar kan het schoolbord mooi tegen aan staan.

En o ja, een beker om het geld in te verzamelen

Die heeft hij ook nodig.

Weer rent hij terug.

'Nu heb ik alles, hoor!' roept hij naar zijn moeder die

verbaasd toekijkt.

Met zijn armen vol spullen rent Killian naar de supermarkt.

Snel schrijft hij wat woorden op het bord.


**Heeft u een euro over voor draak?**

**De draak heeft honing nodig!**

**Help mijn draak, schenk honing.**


Dan zet hij het bord tegen het krukje aan.

En de lege beker daar bovenop.

Zelf gaat hij achter de kruk staan.

Eerst lijkt het alsof er niets gebeurt.

Mensen die voorbij lopen kijken een beetje schuw naar Killian.

Alsof ze niet zo goed weten wat ze moeten doen.

Maar dat verandert al snel.

Als de mensen weer uit de winkel komen, staan ze even stil

bij Killian.

Van een oudere meneer krijgt hij een paar euro tegelijk.

'Als ik meer had kreeg je het, Killian.

Maar ik hoop dat dit helpt, voor je draak.'

'Hij zit in de speeltuin,' zegt Killian.

'En hij is heel verdrietig.

Misschien kunt u even bij hem kijken?'

Meer mensen doen wat geld in de beker.

Een mevrouw zet een paar potjes honing op het krukje.

'Helpt dit ook?' vraagt ze.

'Dat is nog de goede honing ook,' juicht Pluis.

'Dank u wel, mevrouw.'

Omdat de vrouw hem niet verstaat, geeft hij kopjes tegen

haar benen.

"Hé, ik heb een idee, Pluis.

We schrijven op het bord dat mensen je mogen aaien voor

een euro,' stelt Killian voor.

'Prauw,' zegt Pluis.

'Dat is een goed plan.

Aaitjes en euro's.

Schrijf maar op je bordje: aaien, 1 euro!'

Al snel komen er een paar meisjes die Pluis willen aaien.

Pluis doet erg zijn best om zo schattig mogelijk te spinnen.

Dan wil de moeder van de meisjes Pluis ook aaien.

'Wat ben jij zacht,' zegt ze. 'Dat is wel een centje waard.'

En ze geeft maar liefst vijf euro!

'Omdat het voor de draak is,' zegt ze erbij.

'Het gaat goed, zeg,' purt Pluisje.

Na een tijdje hebben Pluis en Killian twaalf potjes honing

verzameld.

'Dat moet genoeg zijn,' zegt Killian.

'Ik ga een lepel halen.'

'En een tasje!' roept Pluis.

'Ik ga niet met al die potjes in mijn pootjes heen en weer

dribbelen hoor!'

## 12. Iedereen houdt van Gideon

Killian loopt snel naar huis om een lepel voor de honing en een

flinke tas te halen.

Hij wil het geneesmiddel zo snel mogelijk bij die arme zieke

draak Gideon brengen.

'Ho eens even,' zegt mama, als Killian weg wil rennen.

'Wat ben je allemaal aan het doen?

Ik ben daarnet drie keer gebeld over jou en je kat.

Heb jij honing nodig voor een draak?

Gaat dat over Gideon?'

Killian knikt.

'Hij heeft iets heel ergs.

Totale Toververwelking.

Al zijn magie gaat weg, mama.'

'En dus moet je hem honing geven?'

Killian knikt.

'Honing, met veel liefde.

Ik weet nog niet precies hoe dat moet.

En ook niet hoeveel honing hij moet hebben.

Ik heb twaalf potjes.'

'Ik ga mee,' zegt mama vastbesloten.

'Tenslotte ben ik vroeger ook drakendokter geweest.

Misschien kan ik je ergens mee helpen.'

Ze pakt haar portemonnee uit de tas.

'En ik kan in elk geval meer honing voor je kopen, als dat

nodig is.'

'Ja, goed,' zegt Killian.

Hij probeert te klinken alsof het hem niet veel uitmaakt,

of mama meegaat.

Maar hij is heel blij.

Samen met mama haalt Killian de potjes honing op.

'Nog meer hulp,' purt Pluis.

'Hadden we maar eerder bedacht dat je moeder geld heeft.'

'Schiet nou maar op,' zegt Killian.

Hij krijgt ineens het gevoel dat hij haast heeft.

Als ze naar de speeltuin lopen, gaat Killian voorop.

Hij loopt steeds sneller, tot hij rent.

Het heeft allemaal best wel lang geduurd.

Lezen in het boek.

Praten met de agent.

Honing verzamelen.

Als Gideon de moed maar niet heeft opgegeven.

Als hij maar niet denkt Killian hem in de steek gelaten heeft!

De speeltuin is helemaal leeg, er speelt geen enkel kindje.

Killians hart bonkt van de zenuwen.

Misschien hebben de kinderen Gideon al ontdekt.

Als ze hem maar niet gaan pesten.

Of uitlachen.

Hopelijk kan de agent Gideon goed beschermen.

Killian duwt de deur van het huisje open en meteen ziet hij dat het binnen heel druk is!

De agent knikt Killian ernstig toe.

Er staan allemaal mensen en kinderen rond Gideon, ziet Killian.

Hij herkent heel veel vriendjes.

De zusje Denise en Esmee staan bij de staart van Gideon.

Ze geven er zachte klopjes op.

Suzan en haar zusje Paulien staan bij de kop van de draak.

Suzan heeft een doekje in haar handen.

Ze dept af en toe een traan van Gideons snuit.

Rens staat bij het aanrecht en maakt de doekjes nat.

Inmiddels is Rens zelf ook drijfnat.

Maar dat lijkt hem niets uit te maken.

Jan en Jelte zijn er ook.

Zij strelen zachtjes over de schubben van Gideon.

'Stil maar, stil maar,' zeggen ze telkens weer.

Veel andere mensen en kinderen staan gewoon te kijken.

Maar niemand lacht.

En ze lachen Gideon zeker niet uit.

Iedereen kijkt bezorgd.

Als de mensen Killian zien maken ze meteen ruimte.

'Kun jij de draak helpen?' vraagt Suzan.

'Ik denk het,' zegt Killian.

Hij moet even slikken.

Al die mensen zorgen voor zijn draak!

'Ik hoop het,' zegt hij dan.

'Hij heeft honing nodig.

En veel liefde.'

Hij zet de tas met honing naast de draak neer.

En hij maakt het eerste flesje open.

'Kan ik helpen?' vraagt iemand.

Killian kijkt op.

Voor hem staat zijn grote broer Michael.

Michael is heel handig met computerdingen.

Niet met draken.

Maar hij helpt Killian wel vaak.

Hij zoekt dingen op.

En hij begrijpt moeilijke dingen heel snel.

Dat is ook erg handig.

'Gideon heeft Totale Toververwelking.

Volgens de Drakenalmanak moeten we hem honing voeren.

Met veel liefde.

Tenminste, dat denk ik.'

Michael knikt.

'Honing is zuiver,' zegt hij

'En liefde is magisch.

Het klinkt goed.

Begin maar gewoon.

Als ik iets bedenk om je te helpen, dan zeg ik het.'

'Dank je wel,' zegt Killian.

'Mwrauw,' zegt Pluis.

Hij gaat naast de kop van Gideon op de tafel zitten.

Hij geeft een kopje tegen de wang van Gideon.

'Ik begin vast, met al dat lief,' zegt hij.

Dan komt Naomi binnen.

Zij draagt Netty in haar armen.

'Netty zat voor de deur te miauwen,' zegt Naomi.

'Ik denk dat ze ook wil helpen.'

Ze zet het katje op de tafel, naast Gideon.

'Prauw,' zegt Netty.

Ze geeft Gideon een kopje.

'Mrauw, je stinkt, draak,' klaagt ze.

'Maar je bent toch wel lief, prauw.

Voor een draak dan.'

'Kom, doe je bek eens open, Gideon?' vraagt Killian.

Hij schept wat honing op zijn lepel.

Die lepel houdt hij Gideon voor.

Gideon doet zijn bek maar een heel klein beetje open.

Als Killian hem wat honing geeft, drupt het meeste op de grond.

'Arme draak,' zegt Suzan.

Ze haalt een doekje bij Rens en dweilt de honing op.

Met het tweede hapje gaat het beter.

Gideon doet zijn bek een klein beetje verder open.

Killian stopt de lepel in Gideons bek.

En zuigt de honing van de lepel.

Het ene na het andere hapje stopt Killian in de bek van Gideon.

Killian moet heel vaak zijn arm optillen.

Na een tijdje wordt het zelfs een beetje pijnlijk.

Killian zet het zesde lege potje op de tafel.

'Voel je je al iets beter, Gideon?' vraagt hij.

Gideon doet met moeite zijn ogen open.

'Nee, Killian,' zegt hij.

Hij doet zijn ogen weer dicht.

'Het spijt me, jongen.

Ik weet dat je heel erg je best doet.

Maar ik voel nog geen sprankje magie.'

Killian kijkt naar zijn broer Michael.

'Wat doe ik verkeerd?' vraagt hij.

'Is de honing niet goed?

Hou ik niet genoeg van hem?'

'Ik weet het niet,' zegt Michael

'Wat stond er precies in het boek?'

'Het boek ligt thuis,' zegt Killian.

'Ik haal het wel Michael,' zegt Suzan.

'Dan kun je het zelf lezen.'

'We halen hem samen,' zegt Michael tegen Suzan.

'Misschien zie jij iets wat ik niet zie.'

Killian gaat ondertussen verder met het voeren van Gideon.

Het zevende potje gaat ook helemaal leeg.

En al snel is het achtste potje ook op.

Pluisje en Netty spinnen om het hardst en ze geven kopjes.

Maar het helpt allemaal niet.

Het helpt geen sikkepitje.

Gideons ogen blijven dicht.

'Doorgaan, Killian,' zegt Pluis.

'Gewoon doorgaan.

Dan gaat het lukken!'

## 13. Waarom dingen soms niet lukken

Mama kijkt naar de lepel in Killians hand.

Killian heeft de zieke draak flink wat honing gegeven.

Van dat medicijn moet de draak beter worden.

Dat staat in de Drakenalmanak.

Maar het lijkt nog niet erg te helpen.

Gideons ogen zijn nog steeds dicht.

Drakentanden zijn erg scherp en hun tongen hebben

kleine haakjes.

Daar blijft de vis die ze vangen aan plakken.

Maar die haakjes maken ook de lepel stuk.

En de kleine stukjes van de lepel komen ook in de maag

van Gideon.

Misschien is dat wel helemaal niet goed voor hem.

Misschien krijgt Gideon daarom zijn magie niet terug.

'Ik ga alvast nieuwe honing halen,' zegt ze.

'En dan haal meteen ook wat andere lepels.'

Killian knikt.

Hij probeert niet te laten merken dat hij erg moe wordt.

En dat hij eigenlijk niet zoveel zin meer heeft om de draak

te voeren.

Met veel liefde, staat in het boek.

Maar wat is dat, met veel liefde?

Moet hij de draak knuffelen?

Maar dat doen zijn vrienden al.

En Netty en Pluis zijn ook lief voor de draak.

Het lijkt allemaal niets te helpen.

Misschien heeft Michael gelijk en moet Killian het voeren heel

lang volhouden.

Zodat hij op die manier laat zien hoeveel hij van Gideon houdt.

Maar hoe lang is lang, voor een draak?

Uren?

Weken?

Jaren?

Tien jaar?

Duizend jaar?

Duizendmiljoen jaar?

Tien jaar is ontzettend lang voor een jongen.

Maar draken kunnen duizenden jaren oud worden!

Dan is tien jaar niet zo lang.

En hoeveel potjes honing moet hij dan wel niet hebben?

Hoeveel bijen moeten al die honing maken?

Killian zucht.

Hoe moet dit toch?

Dan komen Michael en Suzan weer binnen.

Michael draagt het dikke boek onder zijn arm.

'Die honing is volgens ons helemaal goed,' zegt hij meteen.

'Maar met die liefde gaat iets verkeerd.

Killian, heb je de muzieknoten ook gezien?

De muzieknoten die in de tros bloemen staan?'

Killian schudt zijn hoofd.

'Michael vond de bloemen er een beetje vreemd uitzien.

Dus hebben we de tekening met een vergrootglas bekeken,'

zegt Suzan.

Ze legt het boek op een stoel en slaat het open.

Ze wijst naar de tros witte acacia-bloemen.

Killian ziet niets bijzonders.

'Kijk,' wijst Suzan.

'Al die kleine steeltjes zijn gemaakt van muzieknoten.'

Killian heeft intussen het vergrootglas gepakt.

'Er staan kleine lettertjes in de grootste steel,' zegt hij.

'Som-nus so-po-ra,' puzzelt hij.

Weer Latijnse woorden!

Als hij drakendokter wil blijven, moet hij die taal echt gaan leren,

vindt Killian.

'Somnus sopora,' herhaalt hij.

Hij kijkt naar Michael.

'Weet jij wat dat betekent?' vraagt hij.

'Somnus, dat betekent slapen,' zegt Michael.

'Maar sopora weet ik zo niet.'

Hij denkt zo diep na dat er een dikke frons boven zijn

neus verschijnt.

'Het klinkt als opera,' vindt mama, die net weer terugkomt.

Ze zet zes nieuwe potjes honing neer.

'Ik hoop dat dit eventjes genoeg is,' zegt ze.

'Anders moet ik met de auto naar het volgende dorp rijden.

Hier is al die mooie, heldere honing al uitverkocht.'

Ze geeft Killian een paar lange, houten lepels.

'Die had ik nog in de kast liggen.

Misschien is dat beter voor Gideon dan een metalen lepel.'

'Bedankt, mama,' zegt Killian.

Hij legt de metalen lepel weg.

Terwijl hij dat doet moet hij zo gapen.

En meteen nog een keer.

'Mam, mag ik misschien ook wat cola?

Voor deze keer?' vraagt hij.

'Ik voel me ineens zo slaperig.'

Killian laat zijn lepel in de honingpot zakken.

Slaperig… Somnia… Somnus!

'Ik weet het,' zegt hij.

Hij kijkt naar Michael.

'O,' zegt Michael.

'Ik snap het ook.

Slim, Killian!'

Gideon doet moeizaam zijn oog open.

Hij kreunt.

'Wat weten jullie?' vraagt hij langzaam.

'Ik heb pijn, Killian.

Mijn poten en mijn staart doen allemaal pijn.

Als dit niet helpt, laat me dan maar liggen.'

'O nee, Gideon,' zegt Jelte.

'Je mag het niet opgeven!'

Hij slaat zijn armen om de draak en geeft Gideon een knuffel.

'Het moet kloppen, Michael,' zegt Killian.

'Alles wijst erop.

Somnus, liefde, honingzoet.'

'Het kan haast niet anders,' knikt Michael.

'Maar wat weten jullie dan?' vraagt Suzan ongeduldig.

'Wat hebben jullie ontdekt?'

'Somnus sopora,' zegt Killian.

'Slaapliedjes!'

'Ja, wat is er nou liever dan lief?' vraagt Michael.

'Je zingt alleen slaapliedjes voor iemand waar je veel van
houdt, toch?'

'Precies,' zegt Killian.

'We moeten slaapliedjes zingen voor Gideon.

Allemaal samen.

Totdat hij al zijn magie weer terug heeft.'

## 14. De tover die terugkwam

Killian geeft Gideon een kus op zijn kop.

Het valt hem nu op dat Netty wel een beetje gelijk heeft.

Draken stinken.

Maar dat maakt ze niet minder lief!

Dus als hij slaapliedjes moet zingen om een draak te redden,

dan doet Killian dat.

Hij haalt diep adem.

En nog eens.

En nog een keer.

Tja.

Oei.

Nu moet hij dus een slaapliedje zingen.

Hij kent er wel een paar.

Slaap, kindje, slaap.

Ik ga slapen, ik ben moe.

Een lammetje liep in de wei.

Maar het voelt zo raar om zomaar te gaan zingen.

Er zijn zoveel mensen in het huisje.

En ze kijken allemaal naar hem.

'Slaap, draakje,' probeert Killian.

Waarom klinkt zijn stem zo zacht?

En waarom kraakt en piept zijn stem zo raar?

Hij kucht.

Hopelijk denken de mensen dan, dat hij nog niet echt aan het

zingen was.

Hij kijkt om naar Michael.

Michael kent de liedjes ook.

Maar Michael zit er ook niet uit alsof hij gaat zingen.

'Sorry, Gideon,' zegt Killian zacht.

Hij geeft de draak nog een lepeltje honing.

'Het gaat me echt lukken,' zegt hij.

'Ik heb nog een minuutje nodig.'

'Het geeft niet, Killian,' fluistert Gideon.

'Laat mij maar.

Ik ben zo goed als dood.

Ik hoef alleen nog maar mijn ogen te sluiten.'

'O, Gideon,' fluistert Killian.

Hij krijgt tranen in zijn ogen.

En er zit een brok in zijn keel.

Een dikke, vette.

Nou kan hij helemaal niet meer zingen.

'Blijf weg, dromen.

Blijf maar weg,' hoort Killian dan ineens.

Hij kijkt op.

'Stoute dromen hebben pech.

Pas als je goed bent, lief en fijn.

Dan mag je er vannacht wel zijn,' zingt mama.

Haar stem trilt een beetje.

Maar ze klinkt helder en luid door het huisje.

'Slaap maar, draakje, slaap maar goed.

En droom je dromen lief en zoet.'

Als het liedje af is, begint mama meteen weer opnieuw.

Michael begint zachtjes mee te zingen.

Als mama het liedje voor de derde keer zingt, doet Suzan

ook mee.

Jenthe en Julie en Jan en Jelte en Sverre en Rune zingen ook.

Denise en Esmee kijken elkaar aan.

Ze vonden het beetje griezelig om te zingen.

Maar nu iedereen zingt, durven ze wel mee te doen.

Zelfs Rens en kleine Paulien proberen te zingen.

Killian moet een paar tranen weg slikken.

De eerste regels die hij zingt klinken ook een beetje huilerig:

'Blijf weg dromen,

Blijf maar weg.'

Gelukkig gaat het al snel beter.

'Stoute dromen hebben pech.

Pas als je goed bent, lief en fijn,

Dan mag je er vannacht wel zijn.'

Ook de grote mensen beginnen mee te zingen.

Een paar goede zangers maken het lied nog mooier.

Ze zingen net iets hoger of lager dan de anderen.

'Slaap maar draakje, slaap maar goed.

En droom je dromen lief en zoet.'

Het is een groot, prachtig koor.

Speciaal voor Gideon.

En ondertussen blijft Killian zijn draak honing voeren.

'Kijk, het lukt,' fluistert Michael in Killians oor.

'Gideon heeft zijn ogen open gedaan.

En het lijkt hem al veel minder moeite te kosten.'

Het is waar, ziet Killian, het is echt waar!

Gideon spert zijn bek wijder open om de honing op te happen.

Hij likt steeds gemakkelijker zijn hapjes van de lepel.

Dan trekt er een siddering door het lijf van de draak

'Hoe voel je je, Gideon?' vraagt Killian.

Gideon vleugels beginnen te trekken.

'Oei!' roept Jelte.

Hij springt achteruit.

Suzan kan nog net voorkomen dat Jelte tegen Rens aanbotst.

De vleugel van Gideon floepen omhoog.

En iedereen begint te juichen als er een rookwolkje uit de

drakenneus plopt.

'Nog even doorzingen,' roept Killian.

'We zijn er bijna.'

Killians moeder zingt stug door en al snel zingt iedereen

weer mee.

Ineens, pof, wordt Gideon zo klein als een katje.

'Breng me naar buiten,' zegt hij tegen Killian.

'Vlug.

Ik voel dat ik ga op-ploppen!'

Killian probeert Gideon meteen op te tillen.

Maar zo'n klein draakje is loodzwaar!

'Michael, help me?' vraagt hij.

Het lukt nog niet.

Jelte, Jan, Rens en Sverre schieten te hulp.

Samen tillen ze de draak naar buiten.

'Aan de kant!' roept Suzan.

'Maak de weg vrij voor Killian en Gideon!'

Ze halen het maar net.

Zodra Michael en Killian Gideon op het gras zetten gebeurt het:

ploef!

Gideon de draak plopt op en hij wordt enorm groot!

Zijn kop komt zelfs boven de hoogste glijbaan uit.

'O, wat heerlijk!' zegt Gideon.

'Zo groot ben ik in geen tijden geweest!'

Hij wappert met zijn vleugels.

Eén keertje maar.

Het haar van alle mensen en kinderen zit meteen in de war.

Gideon spuugt vuur.

Een klein straaltje maar.

Meteen vliegt een smalle baan gras in brand.

'Prrrr,' doet Gideon en hij rekt zijn staart helemaal uit.

Flap, bijna tegen de draaimolen aan.

Maar niemand wordt boos op de grote draak.

Iedereen klapt en juicht.

De agent slaat van pret iedereen op de schouder.

'Hij doet het weer,' zegt hij tegen iedereen die het horen wil.

'Onze held van een draak doet het weer.

Drie hoera's voor Killian en Gideon!

Hoera, hoera, hoera!'

## 15. De draak die vliegt!

Een paar dagen later is het weer rustig in het dorp.

Gideon kon niet meteen terug naar zijn huis in de grot bij de zee.

Zijn magie deed het wel weer.

Maar als hij vuurspuugde, vlogen de vonken alle kanten op.

En als hij wilde krimpen of groeien, kon hij niet goed voorspellen

hoe groot hij zou worden.

Vliegen ging ook nog niet zo goed.

In het begin kon Gideon alleen maar rondjes vliegen.

Dus moest hij les krijgen, vond Killian.

Een soort fysiotherapie voor draken.

Gelukkig kan Killian draken goed trainen.

Hij krijgt vaak draken op bezoek die staartklachten hebben.

Of vleugelblessures.

Of stijve poten.

Dan moet hij ze ook oefeningen laten doen.

Of opnieuw leren vliegen.

Gideon is een goede leerling.

Hij luistert goed en oefent veel.

Het gaat steeds beter met hem.

'Oké, die vlucht van vanmorgen zag er goed uit.

Eens kijken of je de theorie ook goed begrijpt,' zegt Killian.

'Ik wil de basis-verrichtingen nog een keer doornemen.'

Killian kijkt Gideon streng aan.

Gideon past vandaag precies in een schoolbankje.

Gisteren was hij nog wat te groot.

Een eergisteren veel te klein.

Maar krimpen en op-ploppen gaat hem steeds makkelijker af.

Gideon luistert aandachtig naar Killian.

'Noem de basis-verrichtingen nog een keer op,' zegt Killian.

Hij wijst met een stokje naar tekeningen die achter hem op een schoolbord staan.

'Wenden naar links, wenden naar rechts.

Dalen, stijgen en landen,' zegt Gideon.

'En nu in je boek kijken.

Daar zie je de vleugelposities.

Aanpassingen bij rugwind, wervelwind en windval.

Opletten, Gideon!

Niet de hele tijd naar Pluisje kijken.'

Killian kijkt nu streng naar Pluis.

'Dat is heel belangrijk, die wind.

En nu de speciale-verrichtingen.

Noem ze eens op, Gideon?'

'Kantelen, wenden tijdens stijgen en dalen.

Ehmmm…

Smalle doorgangen en de noodlandingen,' somt Gideon op.

'Nou, die noodlanding zou ik maar goed uit mijn hoofd leren,'

proest Netty.

Ze zit op het dak.

Ze luistert al dagen mee met de lessen.

Je zou denken dat ze zelf een draak wil worden.

'Alsof jij zo goed kan landen,' zegt Pluis.

Hij trekt zijn meest onschuldige snuitje.

En dan geeft hij Netty een reuze duw, zodat ze zo van de

dakrand kukelt!

Het lukt Netty maar net om haar lijfje te draaien en op haar

pootjes te landen.

'Gekke kat,' blaast ze naar Pluis.

'Je bent niet goed snik.'

'En jij kan niet landen,' zegt Pluis.

Hij kijkt ontzettend tevreden.

'Jou krijg ik nog wel,' zegt Netty.

Ze steekt haar staart in de lucht en wandelt ervandoor.

'Lieve Killian, ik wil je bedanken voor alles,' zegt Gideon dan.

'Ik vind, dat ik nu genoeg weet.

Ik wil graag terug naar mijn huis in de grot bij de zee.

Ik mis mijn grot.

En jouw moeder maakt lekker eten, hoor.

Maar ik hou toch het meest van een vers gevangen visje.'

'Ik begrijp het.

Ik ben blij dat je weer beter bent,' zegt Killian.

'Jij en je boeken hebben me goed geholpen,' zegt Gideon.

'Maar een ding staat niet in de boeken, Killian.'

'O, wat dan?' vraagt Killian nieuwsgierig.

'Hoe je moet vliegen op de rug van een draak,' zegt Gideon.

'Nou gaan we het krijgen!' roept Pluis.

Zijn staartje trilt.

Daaraan kan je zien dat Pluis heel erg opgewonden is.

'Ssst,' zegt Gideon.

'Nee, dat staat niet in het boek,' zegt Killian.

'Want mensen vliegen al heel lang niet meer op draken.

Maar als je het wilt weten, wil ik wel voor je opzoeken, hoor.

Het staat vast wel ergens opgeschreven.'

'Dat bedoel ik niet,' zegt Gideon.

'Ik weet heel goed hoe ik iemand op mijn rug moet laten

vliegen.

Killian, heb jij zin om een vluchtje te maken?'

Killians mond valt open van verrassing.

Dat heeft geen enkele draak ooit aan hem gevraagd.

'Ja,' zegt hij.

'O, ja, heel graag!'

Dan mag Killian op de rug van Gideon klimmen.

Hij klemt zijn benen stevig om het lijf van Gideon.

Gideon maakt zichzelf groter en groter.

Hij slaat zijn vleugels uit.

En zwoesj, daar gaan ze!

'Whoehoe!' roept Killian.

'Tot straks!' roept Pluis.

Het gaat zo heerlijk.

Killian geniet van elk moment!

Van de zachte wind die in zijn gezicht blaast.

Van de manier waarop zijn haren wapperen.

Van de duizelingwekkende vaart die hem kriebels in zijn

buik geeft.

Ze vliegen over het land en het strand.

En dan een heel stuk over de zee.

En dan is er weer land.

Een land met heuvels en helder groene grasvelden.

'Dit is Ierland.

Hier ben ik geboren,' roept Gideon.

'Ik ben een Protection-draak.

Alle groene draken zijn Protection-draken!

En nu jij mijn vriend bent, beloof ik dat ik je altijd zal beschermen.'

Killian slaat zijn armen om Gideons hals heen.

Hij weet niet wat hij moet zeggen.

Een eigen Protection-draak!

Dat had hij nooit verwacht.

'Het is prachtig!' roept hij in Gideons oor.

Ze vliegen nog even langs de Ierse kust.

Daarna zet Gideon weer koers naar zee.

'We gaan terug naar jouw huis, Killian,' zegt Gideon.

'Dit is ver genoeg voor vandaag.

Ik ben nog erg snel moe.

Maar over een paar weken haal ik je op.

Dan vliegen we verder, veel verder dan vandaag.

Uhm, als jij dat wilt, natuurlijk.'

'O ja, ja!' roept Killian.

Natuurlijk wil hij dat.

Want er is niets, maar dan ook niets in de hele wereld mooier...

dan vliegen op de rug van je eigen draak.

www.ingramcontent.com/pod-product-compliance
Lightning Source LLC
Chambersburg PA
CBHW050259090426
42735CB00023B/3489